JN326062

お金をかけずに

東大・医大に合格する【逆転】の勉強法

数学教育コンサルタント
渡部由輝
Yoshiki Watanabe

アーク出版

巻頭言

最良にして最強の受験必勝法は算数・数学を自分の武器にすることである

和田秀樹

私が「受験のシンデレラ」という映画を監督してから、すでに数年の時が流れた。

ストーリーを簡単に説明すれば、「受験指導のカリスマ」と呼ばれ、富も名声も手に入れた塾の講師・五十嵐が、突然、末期がんの宣告を受ける。

治癒は絶望的と知った五十嵐は、あるとき、貧しい家庭に暮らし、高校を中退していた16歳の少女・真紀と出会う。

真紀は劣悪な家庭環境におかれ、自暴自棄になっていたが、五十嵐は、真紀の潜在的な能力に気がつき、彼女を東大に合格させることが、自分に与えられた最後の使命と考え、彼女の受験指導に乗り出す……というものだ。

ありがたいことに、「受験のシンデレラ」は、第5回モナコ国際映画祭で、最優秀作品賞（グランプリに相当する）、主演男優賞、主演女優賞、脚本賞の4冠に輝いた。

この映画で私が訴えたかったことのひとつが、「格差社会」に対する反発である。

以前から、東大に合格するためには多額の教育費が必要であるとか、子どもを医学部に合格させられるのは医者くらい……などと巷間言われてきた。

たしかに、所得の多い家庭であれば、惜しむことなく、子どもに教育費をかけられるだろう。だが、子どもに教育費さえかければ、東大や一流といわれる大学、あるいは医学部に合格させることができるかといえば、答えは「ＮＯ」だ。

高校入試にしても大学入試にしても、お金で買えるものではない。あくまでも学力で勝ち取るものだ。

だが、お金をかけなくても、東大や医学部に入る力はつけられる……そう主張しているのが、本書の著者、渡部由輝氏である。

恥ずかしながら、本書の推薦文を書いてくれと編集者に頼まれ、ゲラを目にするまで、私は渡部氏の名前を存じ上げなかったが、私が、『受験は要領』というベストセラーを出して、受験生や受験業界から注目されるようになった1987年の3年前に、『数学は暗記科目である』という本を著しておられるオリジナリティに富んだ受験の指導者のようだ。

あえて、ここで告白するが、拙著のタイトルにもなった『数学は暗記だ！』というのは、私のオリジナルの発案ではない。渡部先生が本を出される6年くらい前、私が高校2年生くらいのときに、当時、灘高の数学の演習を担当しておられた、予備校教師も兼任されていた数学教師の「数学は暗記科目ですからね」という言葉が、私の数学観を変えたことに始まる。正しいかどうかは別として、中学高校時代にちょっと世をすねてしまって、劣等生と化していた自分にこれほど勇気を与えた言葉はなかった。

本書に書かれているように、数学は演習量の差で、解答速度に大きな差の出る科目だ。もともと算数のできる子どもの集まりだった灘高では、当時の私が1時間かけてもできない問題を5分やそこらで解く秀才がざらにいた。これが素質や能力の差と思っていたら、諦めるしかないし、百歩譲って、これまでの努力の差と考えるなら、2年以上は、余計に勉強しないといけない。しかし、解答を覚えていいのなら、秀才と伍する勉強量をこなすことは可能だ。そう考えた私は、みずから解答をものすごく暗記し、数か月のうちに数学が灘高でも得意科目になった（トップ3とかは、ものすごい奴らがいたので、当然それは望まなかった。このレベルになると才能かもしれないと私は思う）。そして、そのやり方を伝授すると、数学が苦手だった弟も、灘に落ちて、二流の進学校に通っていたが、その学校で開校2人目の東大文Ⅰ現役合格者になった。

じつは、私は軽い気持ちで本書の推薦文を書くことを引き受けた。ゲラができてから推薦文を書くという時間的制約もあって、目次などをパラパラと読んで、持論を付け加えたものにしようと思っていた。

しかし、渡されたゲラを読んでいるうちに、予想以上に私の経験や思うところに腑《ふ》に落ちるところが多く、納得させられることも多かったために、ついつい読み込んでしまった。

ひとつは、子供時代の計算力の大切さと、その後の勉強の伸びを強調されている点である。私自身は、小学校3年生のときに算盤《そろばん》に目覚め、たった1年で読み上げ暗算（相手が読み上げた何ケタもの足し算や4ケタくらいの掛け算の暗算）ができるレベルに達した。速さも正確さも人一倍だった。引っ越しで算盤をやめることになったが、その後、中学受験塾に行くことになっても計算力だけは衰えなかった。劣等生だった私の弟は、左利きのために、算盤でもすぐに落ちこぼれるが、公文式で計算練習をすることで、初めて、自分の学年より上のレベルに達した経験をして、それ以降は、かなり学力が立ち直った。

私や弟が勉強のやり方を変えることで成功できた背景には計算力があったのではないかと本書を通じて、改めて納得できる。

解法を暗記するやり方を使っても、本書で書かれるように、それが一回で正答にたどりつけるということは、少なくとも少しハイレベルの学校の入試ではあり得ない。計算力のある子どもは、最初の方法でうまくいかなかったときに、別の方法でチャレンジしようとする。ところが、計算力のない子どもは、それを億劫《おっくう》がって諦《あきら》めてしまう。当然、そこから先は、学力に差が開くばかりである。渡部先生のいう「計算力」が大切という主張に賛同する所以《ゆえん》である。

本書のあとがきでも書かれ、拙著『中学受験は親で勝つ』でも紹介したことだが、陰山メソッドというのは、子どもたちに、みっちり計算をやらせることで計算力を高めるだけでなく、学習意欲を高め、卒業生がその後も意欲的に勉強して、素晴らしい大学合格実績をあげたことで知られるようになったものだ。

インドでは、2ケタの掛け算（19×19まで）を記憶させるのが普通である。そうした計算重視の教育の結果、コンピュータのソフト開発で、インドが世界のトップランナーとなっていることは周知の事実である。

また、渡部先生は、「必要以上に難解な問題を解く必要はない」といっているが、まさに、そのとおりである。これについては、精神科医としての考えを述べたい。

子育てで大切なことは「子どもをほめること」と「つねに愛していると伝えること」である。つまり、難解な計算問題を与えて「こんな簡単な問題もできないの？」と叱るよりも、標準的な問題を解かせて「よく、できたね」とほめてあげるほうが、子どもの心にとって、どれだけいいかということである。

東北大学の川島隆太先生も指摘していることだが、人間というのは、問題ができたという快感を得ることで、脳がもっとも活性化し、できない問題をうなって考えていても、脳がさっぱり活性化しないという。

話は、やや旧聞に属するが、2000年に、主要8か国の教育大臣の会合が開かれたことがあった。その報告書に書かれていた驚くべき内容をご記憶の方はいらっしゃるだろうか。

いわく、「(今後、きちんとした学力を身につけないと)、社会的・文化的生産活動に必要な収入を得る見通しも立たない状態で、かつてない疎外の危険に直面している……」と。

「働かざる者、食うべからず」という言葉があるが、さしずめ「勉強しない者は、食べていけない」ということになるだろうか。

そういう時代にベースになるのは、まず算数力・数学力であり、世界のエリートやエグゼクティブの候補生に求められているのは、まさに数学力である。そのために昨今の先進国は、数学教育に力を入れているのに、日本では、「ゆとり教育」で逆行したため、私は反対し続けたのである。

話を「算数・数学」に戻そう。

私は、灘中・灘高から、東大医学部に現役で合格した。だが、つねにトップだったわけではない。

たしかに、灘中には「5番」で合格したが、あっという間に、下から数えたほうが早くなっていた。小学校時代、大の得意だった「算数」も、「数学」に変わってから、練習量不足がたたって、前述のような劣等生に落ちぶれてしまったのだ。

そのうえ、国語も苦手だった。文学や小説の類《たぐい》など、一冊を通して読んだことなど、ほとんどなかった。

その頃、読んでいた活字といえば、せいぜい新聞である。

だが、新聞を読むときだけは、「理系脳・数学脳」で読んでいたようで、記事、すなわち世の中のできごとを、ある程度、論理的にとらえていたように思える。数学の筋道を覚えていく過程で、論理性はかなり高まったと自負している。

それがその後の人生にも大きな影響を及ぼした。私がその後、文筆に目覚め、多くの書を著すことができたのも、社会評論のようなことを続けることができるのも、その論理性があったからだと自負している。

算数・数学は、ただ「答えを求める」だけの勉強ではない。論理的にものを考えるための訓練なのである。

よく、「学生時代に学んだ数学なんか、世の中に出て、何の役にも立っていない」とおっしゃる御仁がいる。だが、算数・数学で学ぶことは「まず、基礎的な知識を身につけて、それを使って問題を解決すること」である。その力を養うことがどれだけ大切か、世の大人たちの多くが知るはずである。

受験の時には社会科も必要だったが、それについても、「数学脳」が役に立っていたと思う。というか、「数学脳」がいちばん使えると思った。地理と政治経済を受験することで、丸覚えが苦手だった私は、社会科を2科目受験しないといけない共通一次試験をどうにか乗り切ったのである。私が受けたころの共通一次試験の社会では、歴史などの科目で、それほどの論理性は要求されなかったが、弟に暗記数学をやらせたことは、論理性を求め、かなりの長さの記述式で出題される東大受験の社会科でも役に立っていたはずだと信じている。

さて、つらつらと書き連ねてきたが、要は、算数・数学の勉強をすることで、子どもの可能性は高まるということだ。逆にいえば、算数・数学の勉強なくして、子どもに明るい未来はない。

大学全入時代といわれる一方で、企業が採用するのは、一部の大学からというのが時代の趨《すう》勢《せい》である。「東大」とはいわないまでも、それなりの大学でなければ定職に就くことすら難しいというのが、厳しいけれども現実である。無名の私立大学、しかも文系学部とあっては、何をかいわんやである。

そのほか、「小学校時代に算数を、中学時代に基礎的な数学を、それぞれきちんと身に着けることが、なぜ大学受験でのほかの科目の伸びにつながるか」の論理的な解説や、本書で提唱される「1冊徹底学習」など納得できるものが多かったし、今後は私自身も生徒指導に取り入れていきたいことが多かった。

たったひとつだけ、私が意見を異にすることをあえて触れるとすると、小学校時代の国語の扱いである。

じつは、私自身、受験勉強法の通信教育を主宰したり、和田式の本をやったのに、成績が伸びないという子供たちからの（大人になってからの人が多いが）クレームを読むことがあり、長年取り組んできたテーマがある。

それは、同じように暗記数学をやっても、飛躍的に数学力やほかの学力が伸びる子がいる一方で、そうでないために、通信教育をうまく活かせなかったり、和田式にクレームをつけるようになる子がいるということである。

暗記数学がうまくいかない理由として、「基礎的な算数力、計算力、中学レベルの数学がダメなために、うまく解答が理解できず、そこで暗記数学ができない」ということが、20年くらい前にわかり、通信指導などでは、それをやり直させている。

しかし、それでもうまくいかないことがある。

その答えが最近わかった気がしている。

それは基礎的な日本語の読解力のなさである。

PCやケータイの普及で、一部に、こちらが信じられないくらい日本語の読解力がない子どもがいる。これは渡部先生の現役時代ではなかったことかもしれない。

これについては、日本語の単語を大量に覚えさせるなどリテラシー教育をするだけで、かなり改善することもわかってきた。

本書で問題にされる高度な国語力は、私も必要はないと思っている。しかし、最低限の読解力は身に着けさせたほうがいいとは思っている。

読書習慣は、たしかに必要ないし、逆に勉強の邪魔になるかもしれないが、新聞レベルは読めるようにしてほしいと付言したい。

いずれにせよ、算数や数学の大切さは揺るぐものではない。

最後に、個人的な話で恐縮だが、私も二人娘をもつ親である。じつは、その娘たちにも「自分の将来のためには、算数・数学の勉強は欠かさないように」と、話していたこと、それによって受験は一定の成功を収めたことを読者の皆さんにお伝えしておきたい。

お金をかけずに東大・医大に合格する逆転の勉強法

もくじ

第3章

国語秀才だったはずが哀しい末路を…

第4章
「数学得意」になるための目からウロコ的学習法

第5章

塾・予備校通いをしなくても医大・東大に入れる

カバーデザイン／石田喜弘
本文イラスト／石井真喜子
本文DTP／ニシ工芸株式会社
編集協力／みなかみ舎

はじめに

年収300万円でも医大・東大に子どもを入れられる

「私大文系学部生」は就活冬の時代

2015年から大学生の就職活動の時期が従来より3か月遅くなり、3年生の3月1日解禁となりました。それから4年生の7月いっぱいまでが、**企業側にすれば セミナーなどの広報期間**で、8月1日から9月末日までの2か月間が、**学生側にすれば実質的な就活期間**です。この間に、**①書類選考、②筆記試験、③一次面接・二次面接、④最終面接**などが行われます。

就活期間が短縮されたことにより、企業側にすれば「厳選志向」が、より強まることが予想されます。大手の人気企業ほどそうです。大勢の志願者に対して、懇切丁寧に応接している時間的・人員的余裕がなくなることが、その理由です。

実際、ある大手製薬会社の採用担当者はこう明言しております。

「今年から会社説明会は有力30大学程度にしぼる」

有力30大学といえば、国公立大は東大・京大などの旧7帝大と、千葉大・横浜国大・神戸大といった政令指定都市にあるような、いわば主要大学だけで半数近くになりますから、私大は残る15校前後しかありません。受験偏差値的にいえば、首都圏ではまず次のA・Bランクの大学です。

Aランク……早稲田・慶應・上智
Bランク……明治・青山学院・立教・中央・法政・津田塾・東京女子・日本女子

さらに関西圏からA・Bの中間ランクの関関同立（関西・関西学院・同志社・立命館）を加えると、これだけで15校になります。首都圏の受験偏差値Cランクの日東駒専（日本・東洋・駒沢・専修）以下は、高収入が見込める大手の金融・総合商社・巨大メーカーといった超安定企業には、まず相手にしてもらえないということです。文系学部生は、とくにその傾向が強くなります。

理系学部生だったら、門戸はもっと広くなります。金沢工業大・豊橋技術科学大など、大手メーカーへの就職率が高い単科大学もあります。

日東駒専ランクでも専攻する学科によっては、教授の推薦により超安定企業でも就職試験の「①書類選考」をパスし、「②筆記試験」以上の選考段階に進めたりします。

しかし、「手に職のない」文系学部生は、スポーツなどで全国レベルの活躍でもしないかぎり、それも望めません。

中小の金融・流通・量販小売り・IT関連といった、消長や統合が激しい不安定的企業にでも引っかかってくれれば御《おん》の字。はては使い捨てのブラック企業行きとならざるを得なかったりします。

厚生労働省が平成27年3月に卒業した学生の就職状況などを文部科学省が共同で調査したデータがあります。そのデータのなかに、大学の文理別の就職率があり、文系の就職率が、96・5パーセントであるのに対し、理系では97・2%という数字になっています。

そのうち、国公立大学の文系は98・3パーセント、国公立大学の理系は96・2パーセントと、わずかに文系がリードしています。一方、私立大学の文系が96・1パーセントであるのに対して、私立大学の理系は97・9パーセントとなっています（図表1参照）。

図表1　大学文理別就職率

（厚生労働省平成26年度「大学等卒業者の就職状況調査」より）

●面接官は「うわべ」など見ていない

いまどきの大学は、3年生の夏あたりから、学生に対する就職支援活動を行っています。エントリーシートの書き方、面接の際の受け答えの方法等々、外部から講師を招いたりして、手をとり、足をとり「みずからの売り込み方」を教え込んでいるようです。

しかし、そんな「付け焼刃」的な教習行為がそれほど役に立たないことは、実際にその種の学生を選考する立場にいる企業の採用担当者が、ある新聞に次のような投書をしていることでも明らかです。

「会社はその人の『うわべ』ではなく『中身』を見ている。面接の際、たいていの学生は志望動機やら自分の性格・特技やらをとうとうと弁じ立てたりするが、そんなことはほとんど重視されない……」

「男の値打ちはうわべじゃないよ、中身だよ、お財布の」という婚活川柳ではありませんが、真に重要なのは見た目よりも中身ということです。

しかし、人間の中身など、5分やそこらの面接でわかるものではないでしょう。となれば、学生の中身を最も手っ取り早く判別できる材料は、その人の基本的知力や学力、継続的努力、意欲、克己心などの総決算ともいうべき「学歴」ということになります。

その学歴にしても、大学進学率が50パーセントを超え、少子化がますます進行し、事実上「大学全入時代」になっている今日、推薦やらＡＯ入試やらで私大の、とくに文系学部生は、『分数ができない大学生』ではありませんが、Ａランクの早慶レベルでさえ、相当に「上げ底」されていることは受験界の常識です。上げ底学生に未来はありません。大学生の就職活動に関していえば「私大文系学部生にとって冬の時代」はさらに進行することでしょう。

例外というべきは就活いらずの医大生・東大生

もちろん「就活冬の時代」などとは、ほとんど無縁の学生もいます。その代表が、まず「医大生」です。ことわっておきますが「医歯大生」ではありません。現在、歯科医は、ほぼ飽和状態にあり、安定した職業ではなくなっています。そのことは入試の際の偏差値をみればわかります。

私立歯科大の偏差値は、軒並み50そこそこになっていて、地方私立歯科大になると40台ということもあります。倍率も1倍少々ですから、志望者はほぼ全員が入れます（ただし入学金が１０００万円もかかったりしますが）。お金さえ出せば誰でも入れるような大学に未来はありません。歯学部生も昨今は冬の時代に入っていると言ってよいでしょう。

しかし、「医大生」となれば、そんなことはありません。そもそも医大生に就活など必要ありません。卒業して国家試験に受かりさえすれば、どこからも引く手あまた。研修医を終えたばかりの新人医師でも、地方の医療過疎地へ行けば、いきなり年収1000万円も望めたりします。

そして、もうひとつの「就活非心配組」が東大生です。

文系学部生でも、たとえば文学部生がテレビ局、新聞社、有名出版社など大手のマスコミを志望するような場合、それなりに厳しく選考されます。

さきほどの、①書類選考は間違いなくパスするかもしれませんが、②筆記試験は必須でしょう。③一次面接・二次面接で適性を見られ、④最終面接と、他の大学生と同じような扱いを受けます。ただし、有利になることは間違いありません。

ある大手企業の採用担当者は、こんなことを言っています。

「東大生と他大学生の評点が同じ程度だったら、東大生を採用する」

その理由として、入社後、その学生の評価があまり芳しくなかったような場合、他大学生なら「なんであんなのを採ったんだ」と、採用担当者の失点になりますが、「東大生」なら「東大でも使えない者がいるということ。まあ仕方ない」で済まされるということのようです。

●東大理系の学生はラクラク就職できる

理系学部生となると就活はもっとラクです。エントリーシートを提出しただけで、①書類選考、②筆記試験は余裕でパス。③の面接試験の際では別室に通され、その業界とつながりがある担当教授の推薦状があるような場合は、いきなり④の最終面接になったりします。

私たちの時代も、そうでした。私は工学部の金属精錬関係の学科でしたが、4年の夏あたりになると大学の学科事務室の掲示板に各社の求人票が貼り出されます。いずれも日本を代表するような大製鉄会社、大鉱業会社です。

十数人の同科生のあいだで、

「オレは大阪出身で長男だから、いずれ地元に戻らなければならない。関西系のA社にしたい」

「自分は二男で、日本じゅう、どこへ行ってもいいから、全国展開のB社でいい」

などという話をして、ほとんどの場合、学生間で調整が行われ（学生数より求人数がはるかに多いから、各人の志望が通らないことはまずありません）、教授の推薦状と成績証明書を持って会社へ行くわけです。

受付にそれを提出すると、重役室などに通され、たいていは大学の先輩にあたる専務か常務なんかが出てきて、

「本当にわが社に来る気があるんだね」

「はい、よろしくお願いします」

そんな会話が交わされて、それだけで採用決定。昼食や、ときには豪華な夕食などをご馳走になり、それで「就活はすべて完了」になったりしたものでした。

私は学生時代から山登りに熱中し、当時ヒマラヤ遠征を計画していました（それは後年になっ

て実現しました）ので、その超安定コースには乗らず、学習塾・予備校教師という自由業の道へ進んでしまいましたが、以上のような就職の状況は、現在でもそれほど変わっていないようです。

「二つの条件」さえクリアすれば年収300万円家庭から医大・東大へ

大学生の就活に関し、「私大文系学部生」と「医大・東大生」という、対極的位置にあるふたつのケースをあげました。わが子が、そのどちらかを自由に選べるとすれば、ほとんどの親は後者を希望することでしょう。

なかには、「前者でもかまわない」と考える人もいるでしょうが、そうした人は、たとえば地方の大資産家などで、ありあまるほどの金融資産や不動産があり、子どもは一人だけ。その子が、なまじ医大や東大なんかに入ったら、都会に出て行ったきりになってしまい、家業の継承者がいなくなって困るといった、ごくごく稀《まれ》なケースに限られるのではないでしょうか。

その医大・東大入学に関し、このようなことが言われております。

「医大や東大には、経済的に裕福な家庭からでなければ入れない」

たしかに、医大生や東大生の多くは、親の年収が高いことが知られています。２０１２年度の東京大学学生生活実態調査によれば、新入生の親で年収950万円以上が50パーセント近くもいて、年収を750万円以上とすると65パーセント。つまり、全体の3分の2にも達しています。

年収750万円以上というと、ボーナスをふくめて考えれば、平均の月収が60万円以上でしょうから、広い持ち家があり、子ども部屋もあり、塾や予備校に子どもを通わせることができ、ときには家庭教師もつけられるでしょうし、なかには、中学から私立の進学校に入れ、教育費も充分に支出できるといった家庭でしょう。

しかし、**親の収入が多いことは東大入学のための絶対的必要条件ではありません**。なぜなら、前記調査によれば、親の年収が450万円以下という家庭からの合格者が全体の14パーセントもいるからです。

年収450万円以下となると、それぞれの家庭の事情もあるでしょうが、たとえば、保険類や各種税金を引かれると手取り月収など30万円かそこら。たいていは持ち家でなかったりしますから、夫婦に子ども2人の4人家族とすると、家賃と食費にそれぞれ8万円、光熱費、夫の小遣い、車の維持費、福祉厚生費、衣類雑貨費、それぞれ3万円ずつとして、教育費にまわせる余裕などほとんどなくなります。

塾や予備校通いなど、夢のまた夢。小・中・高と公立の学校に通い、ほとんど自学自習で頑張るしかありません。しかし、そうした経済状態にあったとしても、そのなかから東大に合格する生徒が、7人に1人はいるのです。

ある意味、それは、「東大の伝統」なのかもしれません。東大は、昔からわが国各界の指導者や先導者を養成することを目的としています。そうしたリーダーたちは、（経済的・文化的）上層階級からだけでなく、各階層からまんべんなく出てくることが望ましいと考えられていました。つまり、半ば〝意図的に〟経済的・文化的に恵まれていない層からも、学生を受け入れていたという経緯があったようにも思えます。

●子どもに本を読ませるな

経済的あるいは文化的に、中流以下と呼ばれる家庭から、また、とくに優れた才能などなくても東大に入れます。もちろん、東大理Ⅲ（医学部進学課程）以外の国公立大医学部なら、もっとラクに入れます。ただし、次の二つの条件が満たされていることが絶対条件です。

① **「本好きの子にならない」**

② **「中学生までのうちに『数学得意』になる」**

逆に言えば、この二つの条件が満たされていないかぎり、無名の私立大学医学部はともかく、医大や東大にはまず入れません。いくら親の年収が高く、子どものために、家庭教師だ、進学塾だと、どれだけ教育費を注ぎ込んでもダメです。

うまくいけば文Ⅲ（文学部・教育学部進学課程）あたりに引っかかってくれるのかもしれませんが、たいていはそれも無理でしょう。とくに理系学部には絶対に入れません。その結果、間違いなく「私大文系学部コース」一直線となり、就活の際、学歴差別の悲哀を存分に味わうことにもなったりします。

どうして、そうなってしまうのかについては、本文で詳述していきましょう。

ちなみに私は、書店など一軒もない日本海に面した寒村（秋田県由利郡松ヶ崎村。現在は由利本荘市に編入）で小・中学校（もちろん公立です）時代を過ごし、県立高校に入学して秋田市へ出ても、甲子園目指して野球づけの生活でしたので、大学に入るまでまともな本など一冊も読んだことはありませんでした。

第1章

本好きの子は中2で「できる子」から転落する

なぜ、あんなに「できる子」だったのに、ある時点から成績不振に陥るのか

義務教育段階における児童・生徒のクラス内における学力順位、もしくは学業成績は、小4あたりで、だいたい決まってしまいます。ひとことでいえば、「できる子」「ふつうレベルの子」「ふつうより劣る子」といったように……です。この順位は小学校の高学年から中2あたりまではあまり変わりません。

ところが、中3の受験期になるとガラッと変わってしまいます。とくに「できる子」の層の変動が激しく、中2あたりまでは「できる子」だったのが、「ふつう」か「ふつうよりちょっぴり上」レベルに下がります。その一方で、それまではあまり目立たなかった「ふつうレベルの子」が、「できる子」の位置に上がってきたりします。

中2までの「できる子」がなまけていたためではありません。努力しても、まずダメで、「ふつうレベルの子」に追い着かれまいと、必死になって頑張り、もがき苦しんでも、みるみるうちに距離は縮まり、はては追い抜かれてしまいます。

マラソンでいえば先頭集団が入れ替わるようなものです。中3の受験期にはそのような現象があまりにも多すぎるため、教育関係者のあいだでは、次のように呼ばれています。

「中3のふしめ」

なぜ、そのように呼ばれるのかについて、これから詳しく述べていきましょう。

●驚くべき「国語が得意な女の子」

まず、実例を示してみましょう。

多くの医大、そして東大に教え子を送り込んできた私は、学生時代から家庭教師をしていました。ただし、数百人、数千人という生徒を合格させてきたわけではありません。あくまでも家庭教師として個人的に教授してきたこと、また、勤めていた予備校が大規模予備校だったわけではないからです。

しかし、懇切丁寧に教えてきたこと、そして、生徒たちが真摯《しんし》に勉強に取り組んでくれたおかげで、医大・東大に合格した何十人もの教え子がいます。

ここで、ご紹介する話は、長年、私が教えてきたなかで、とくに印象に残った話で、その一人がJ子さんです。

教え始めたのは、中1の1学期からでした。彼女の部屋に入って、まず驚かされました。二つの大きな本棚いっぱいに並んだ本の山に、です。名作全集やら歴史物語・偉人の伝記類等々、数百冊はあったでしょう。私などは小学生時代、そのうちの一冊だって読んだことはなかったはずです。当然、国語力は抜群で、東京・世田谷の教育程度の高い公立小学校の児童でしたが、国語は5段階評価の5以外は取ったことはないと言っていました。

ただ、算数は国語にくらべてちょっぴり苦手で、時折、5に上がったりするものの4のときのほうが多く、その補強のため、数学担当の家庭教師として私が呼ばれたのでした。

一度、教えてみてさらに驚きました。彼女の理解力の速さと正確さに、です。

「これは私が同学年のときより優秀だ、首都圏の女子高では最難関の桜蔭（今は高校では募集していない）も狙えるかも……」そう考えました。

予想したとおり、数学の学力はグングン伸びました。たちまちのうちに学校（公立中学でした）で副教材として使っている準拠問題集では物足りなくなってきました。市販の標準問題集どころか、それより1ランク上のハイレベル問題集も使えるようになりました。学年を超えた知識を必要としない問題なら、たいていい解けるようになっていたのです。

国語ができるから、長い文章題でも事実関係を読み取るのが早く、うかうかすると私のほうが答えを出すのが遅くなるほどでした。

2学期の期末テストでは学年で2番の成績を取りました。評価はもちろん5です。

「この調子だったら、どこまで成績が伸びるのだろう」と、私は教えに行くのが楽しくなっていました。

●なぜ彼女は桜蔭を諦めなければならなかったのか

ところがどうしてでしょう。それがピークでした。あとは下がる一方というわけではなかったにしろ、5を維持するのが苦しくなり、2年の2学期には4に落ちてしまいました。3年になってもそのままで、以後、5は一度も取れませんでした。

学力も落ちていることがはっきりわかるようになっていました。ハイレベル問題集では解けない問題が1年のときよりずっと多いし、解けても時間がかかったりします。

こうして数学の偏差値は3年の受験期には62か63でした。桜蔭は1科目でも70以下があればキツいので、合格は夢のまた夢です。J子さんは結局、桜蔭には合格できず、その地域では二番手グループの都立高に入りました。彼女との縁はそれで切れたのですが、後にBランク私大の文系学部に進学したと聞きました。

手を抜いたつもりはありません。それどころか、手をかけすぎるほどかけたと思っています。それこそ微《び》に入り細《さい》に至るまで教えました。ひとつの問題につき、ひと通りの方法だけでなく、ほかの方法もあれば、その解き方も教えたりしました。彼女のほうもそれに真摯に対応してくれました。宿題にしても、けっして、なおざりにするようなことのなかったJ子さんでしたが、それでもダメでした。

●「準拠問題集」の使い方次第で数学の偏差値は75までいける

逆のケースがS君でした。

彼の場合は小6（公立）の3学期から教えるようになったのですが、本棚の様相がまずJ子さんとは対照的でした。読み物の類の本などほとんどなく、理科・社会科系の図鑑類が数冊あっただけでした。

教え始めのころ、算数の学力は、J子さんと似たようなものでした。ただ、国語に関してはちょっぴり苦手で、だいたいは5段階評価の4で、ときには3に下がったりすることもあるようでした。算数は、国語にくらべて苦手意識はあまりなかったようですが、かといって、特別にできるというほどでもなく、ときには5になったりもしましたが、4のときのほうが多いと言っていました。

教え始めて1年近くとなった中学1年の2学期に、数学が5になりました。そこまではJ子さんと同じでしたが、以後は違いました。2年、3年になっても5のままで、4に下がることは、一度もなかったのです。

「数学得意」を維持して、3年の受験期には数学の偏差値が、悪いときでも70、ふつうなら74か75というものでした。数学に関するかぎり、中学生としては最高レベルの学力がついていました。

ほかの科目もそれに応じて伸び（その理由については第2章で述べます）、S君は結果的に、その地域ではトップレベルの公立高に合格しました。さらに、ある地方の国立医大に進学し、現在は親の跡を継いで医師になっています。

S君にかぎって、とくにハイレベル問題を多く学習したというわけではありません。公立高が第一志望だったこともあり、1、2年のうちは学校の副教材である準拠問題集しか使いませんでした。3年の受験期になっても、準拠問題集が主体。1種類の準拠問題集が終わると、別の同種の問題集を使い、2学期になってようやく総まとめ用として標準問題集に入り、それ以上の難易度のハイレベル問題集は使用しませんでした（そのような学習法でいいことも第2章で詳しく述べます）。それでもS君の学力は、J子さんよりもはるか上になっていたのです。

似たような事例はこの二人にかぎったものではありません。多くの中学教師は経験しているはずですし、教師にかぎらず、思い当たる人も少なくないことでしょう（それが、ご自分の経験か、お子さんのことかは別として）。

教科には、それぞれの特徴がある。国語は「水平の道」、数学は「垂直の道」

一般に小学生時代の「国語得意タイプ」は、**中3のふしめ**という障害に阻《はば》まれ、高校受験時に学力が全般に伸び悩み、はては（相対的に）落ち込みます。その一方で、「数学得意タイプ」

はそのような障害も容易に乗り越えられ、したがって学力は（数学にかぎらず）全般的に伸びます。つまり、中3あたりで「高校受験というマラソン」における先頭集団は、国語得意タイプから数学得意タイプに入れ替わることが多いということです。

なぜ、そのようなことになるのでしょう。

それは「国語」と「数学」の問題の構造的差異に起因します。

国語、数学にかぎったことではありませんが、中学・高校レベルでの（もちろん小学校レベルでも）問題を解く際に、いちいち自分で独自の解法を考え出して答えているわけではありません。時間のかぎられている試験なら、なおさらで、たいていは、前もって知っていた事柄、つまり既知の知識を問題の要求に応じてそのまま、またはその一部をとって書き込んだり、もしくはそれらをいくつか組み合わせたりと、単に記憶していた事項を合成的、もしくは再生的操作をしているにすぎません。

その既知の知識には次の3種類があります。

①学習知識……主として教科書や参考書のような学習書を用いて特別に学習することにより、もしくは学校や塾・予備校などで特別に授業を受けることによって得られる知識

②一般知識……主として日常生活をしているうちに自然に得られる知識

③折衷型知識……①と②の中間型知識

たとえば国語では、問題を解く際に用いられる知識のなかで、文法に関するものはたいてい①の学習知識です。ふだん生活しているとき、「この言葉の品詞は何か」「この表現の活用形は何か」などと考えることはありません。つまり、普通の人は学校などで特別に学習する以外、文法に関する知識を得る機会はほとんどないと言ってよいでしょう。

一方、文章の読解に関する知識の多くは②の一般知識です。たとえば小説の文章には登場人物の心理状態、人間関係のさまざまな軋轢《あつれき》などを描写する場面がたいていあります。

それらを理解する能力や学力は、学校の授業などで特別に教えてもらうものではありません。子どもの頃から、友だちと遊んだり、大人の世界を観察していたり、テレビを見たりといった、日常生活を通じて自然に得られるものです。また、国語など文系科目には、学習知識なのか一般知識なのか判別しにくいものもあります。それが③の折衷型知識です。

●国語の「知識」は雑然としたもの

国語という教科の知識類について、わかりやすく図に表すと、次ページの図表2のようになります。「斜線で表された山」は一般知識を、「点が打たれている山は折衷型知識」を、「何も模様がない山は学習知識」を、それぞれ表します。また、図で横方向は各々の知識の「量」を、

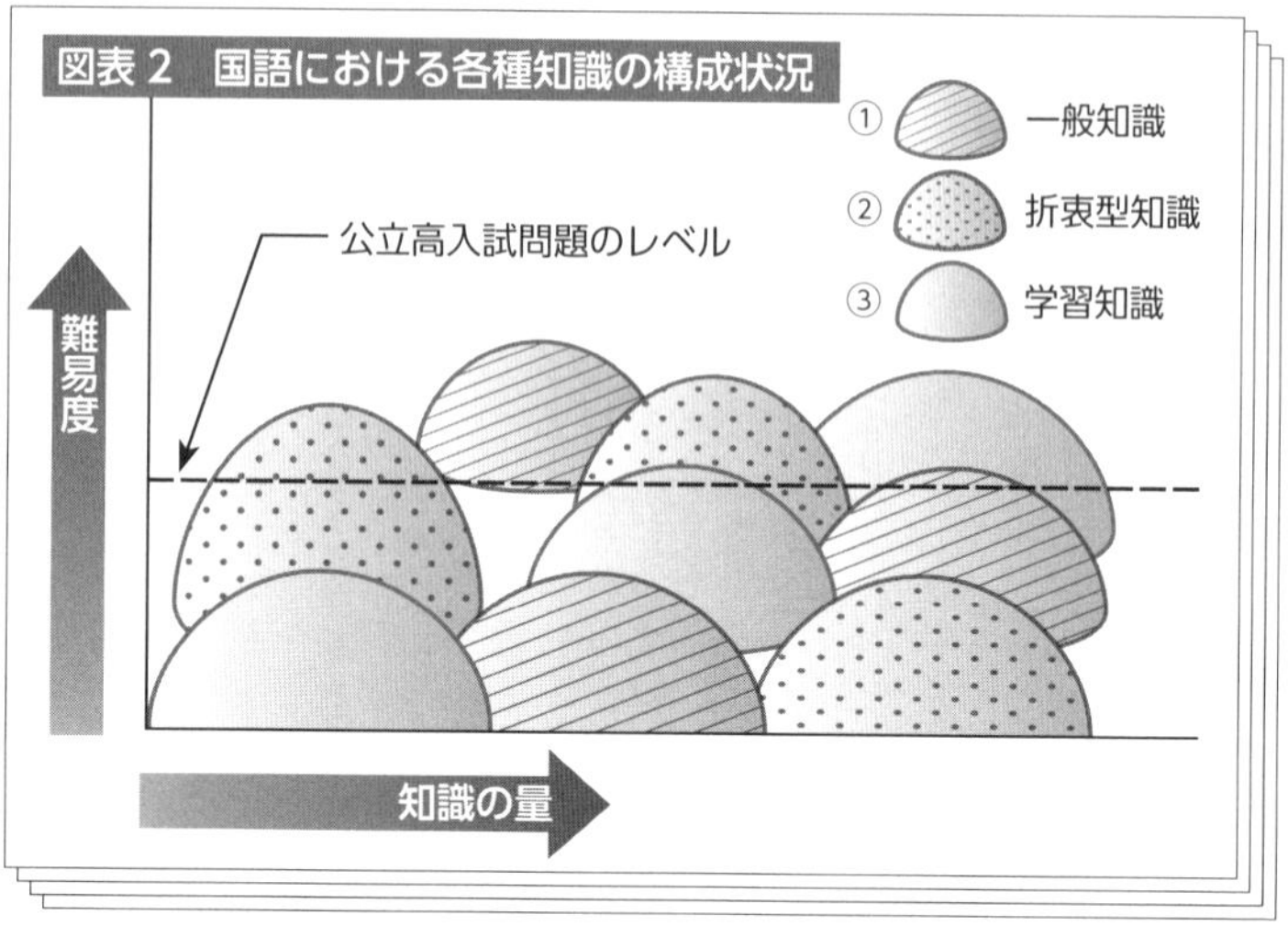

縦方向は「難易度」を表します。一般知識が最下段にあるのは、それがすべての知識の基盤であり、その上に多くの折衷型知識や学習知識が積み上げられていることを意味します。

図表2でもわかるように、①②③の各種の知識は雑然としています。①が必ずしも②や③の山よりも低い、つまり易しいというわけではありません。各山の大きさも位置もバラバラであり、系統だったものではありません。

もちろん、この図は正確なものではありません（正確になど書けません）。しかし、国語に関する各種知識類というのは、このような状況であると、イメージとして理解してください。

●数学の「問題」は系統的なもの

一方、数学では各種知識類の構成を考えると、国語とはかなり様相を異にします。それが図表

図表3　数学における各種知識（問題）の構成状況（中学レベル）

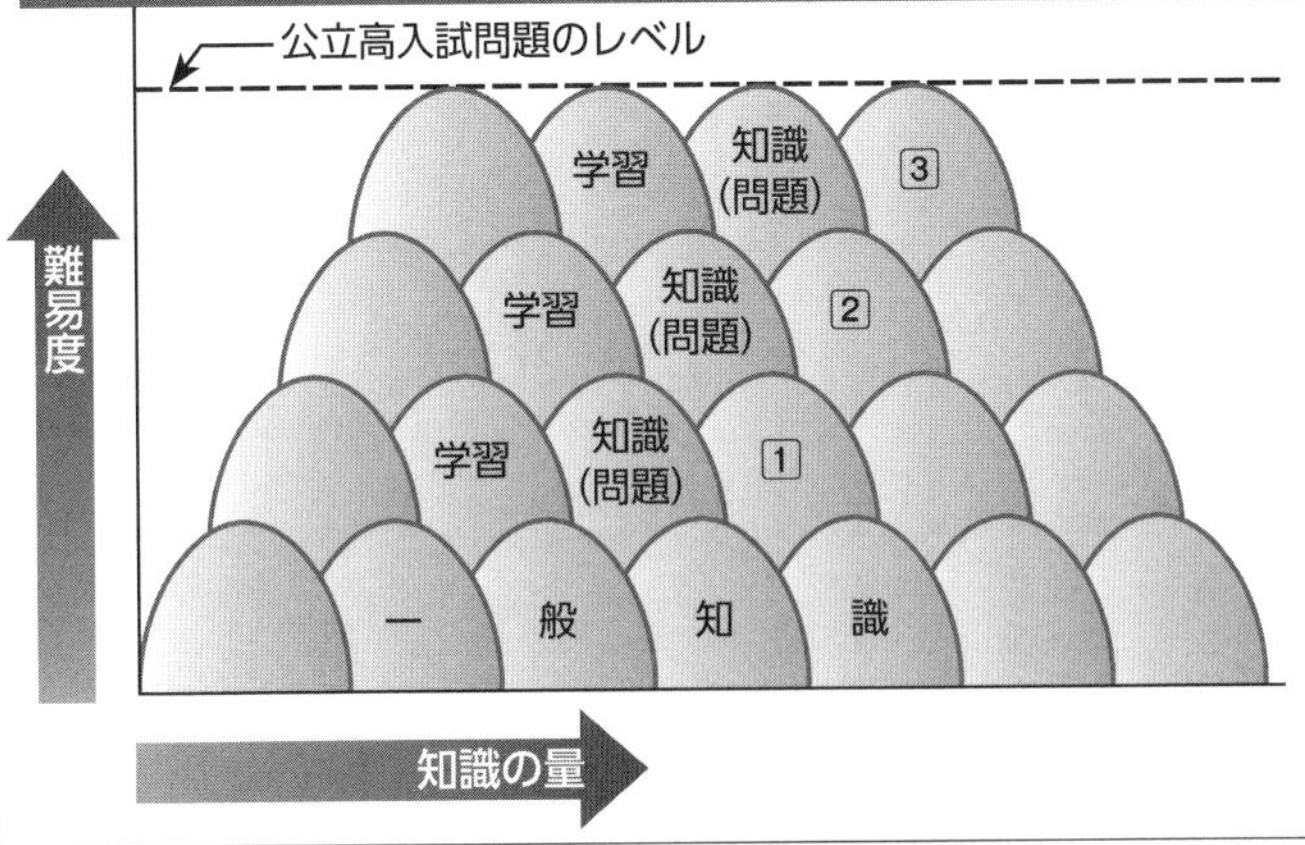

3です。

ただし、数学では「知識」という表現はあまり正しくありません。国語の知識に相当する用語は「問題」ですが、それら問題類の全体的構成状況に関して、図表2とくらべてみると、図表3で特徴的なのは次の諸点です。

（1）折衷型知識（問題）はなく、一般知識の山はすべて学習知識（問題）の山より下にある。

（2）学習知識（問題）の山はどの部分においても石垣状に整然と積み上げられている。つまり学習知識（問題）[1]を基盤とし、その上に学習知識（問題）[2]が、それを基盤として[3]というふうに、難易度別に整然とした階層構造をなしてつながっている。

また、図表2は中学のせいぜい教科書レベルまでを表したもので、高校段階になると[4]、さらにその上に[5]、[6]……というように、やはり難易度別に何段階かの階層構造をなしてつながっています（最難関大学東大理系の最高難度の問題になると⑩程度）。

（1）については説明するまでもないでしょう。小学校の算数ならともかく、中学レベル以上の数学に関する知識（問題）のほとんどは、普通に生活しているうちに自然に得られる一般知識ではありません。特別に学習しなければ得られない学習知識です。

図表2、図表3で、横の線は公立高入試問題の難易度的レベルを表しています。

国語の入試問題線は、一般知識の山にも相当にかかっており、高さ（難易度）も低い一方、数学では一般知識からはるかに離れた高い（難しい）位置にあります。

だからといって、国語は入試で点を取りやすく、数学は点が取りにくいというわけではありません。国語は図のような低い山々が延々と長く連なっているのに対して、数学では個々の山の高度は高くなっていますが、登るべき山の数は少なくなっています。たとえるなら、国語の学習は「長い水平の道を歩くようなもの」であり、数学は「垂直の短いコースを登るようなもの」と言ってよいのかもしれません。

そして、どちらが易しいか、難しいかについては、一概に言えません。サハラ砂漠を横断することと、エベレストに登ることの難易度を比較するようなものだからです。

「一読してスラスラ解ける」がカギ。そのために必要なのは盤石な基礎

ここで改めてJ子さんの数学の学力が伸び悩み、はては落ち気味になってしまった理由を考えてみましょう。

それは図表3における〝階層性〟に起因します。つまり、各階層の問題はその1段階下の階層の問題を組み合わせたかたちになっているということです。少なくても2個、複雑なものになると3個以上もの問題を組み合わせて形成されています。

もちろん、各問題をそのままではなく、その一部をとったりしながら組み合わされているわけですが、ともかく、1段階下の階層にある複数問の合成形になっています。

これを図で表せば、図表4のようになります。たとえば、図表4にある[2]レベルの問題を解く場合を考えてみましょう。[2]レベルの問題を解くには、[1]レベルの問題の解法をいくつか組み合わせる必要があります。

図表4　数学における各レベル問題の解決方法

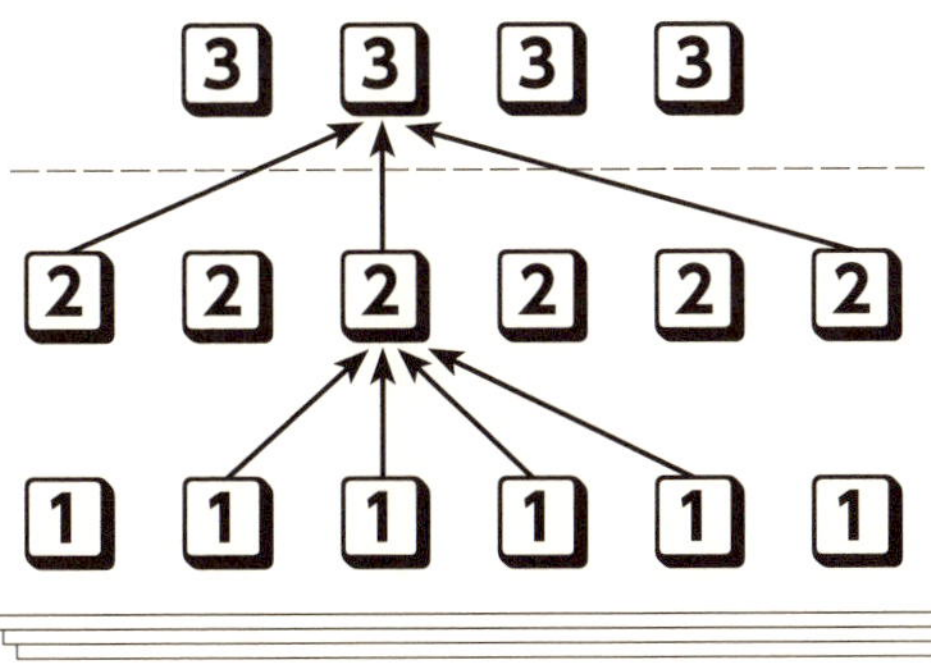

②レベルの問題を解こうと、家庭で、一人で学習しているときなら、多少、もたもたしていてもかまわないでしょう。

しかし、試験場ではそうはいきません。ごく短時間で、組み合わせ的操作ができなければ、つまり①レベルの問題はほとんど瞬間的に解けること、そして、その解法の適用や計算的処理も100パーセント正確であることが必要です。

その段階で戸惑っていたり、計算ミスをしていたりすると、試験場で②レベルの問題は解けません。たとえ解けたとしても、時間がかかりすぎて、ほかの問題にまわす時間的余裕がなくなり、結果的に高得点が取れないことにつながります。

それは③レベルの問題を解く場合も同様です。1段階下の階層にある②レベルの〝組み合わせるべき問題〟の全問が、素早く、なおかつ正確に解けなければ、試験場で③レベルの問題は解けません。つまり、ある階層の問題を「試験の場で、短時間で解く」ためには、その1段階下の階層にある、

「(二)〈全問〉を、(二)〈素早く〉、(三)〈正確に〉解ける」

という条件が必要なのです。

わかりやすくいうと、「準拠問題集程度なら、一読しただけであまり考え込むことなどなく全問がスラスラ解ける」ということです。

J子さんは、(二)(三)が万全ではありませんでした。なまじ飲み込みが良すぎたため、「素

早く正確に」ができる前に、ほかの問題に移ったりしました。ひとつの解法が万全になる前に、別の解法を教えたりしました。基礎的計算練習の段階にあまり時間をかけなかったりしました。

一方、S君はこの3条件が完全に満たされていました。

教科書レベルの準拠問題集（それには難易度にして①・②レベル程度までの問題しか載っていません）を中心に学習し、1種類が完全にできたら、もう1種類の準拠問題集を使いました。3年の2学期あたりからようやく、③レベルの問題も載っている「もう1ランク上の標準問題集」にしました。①・②レベルの問題が万全でしたから、③レベルの問題も短期間で消化できました。

S君とJ子さんの差は、その違いでした。彼女の家がある渋谷の近くを通るとき、そのことを思い出し、しばらくは胸が痛んだりしたものでした。

国語脳は数学に対応できない。数学脳は、ほかの科目にも対応できる

責任逃れをするわけではありませんが、今にして思えば、J子さん自身の内面的なものにも原因があったように思います。彼女は、あまりにも「国語脳」的になりすぎていました。そのため、数学の問題の階層性に対してうまく適応できなかったのです。

学習に関する人間の頭脳のタイプには次の二つがあるといわれています。

国語脳型……各種知識に対して「量重視的」
数学脳型……各種知識に対して「質重視的」

国語得意タイプは各種知識のうち、とくに一般知識の量が豊富です。本好きの子は知識の「量」に対する感覚がとりわけ鋭いものです。そのため、そういった「量重視的対応法」で、数学も処理しようとします。いきおい、数学の「質重視的対応法」になかなかなじめません。

問題のレベルが一般知識の山からあまり離れていない「算数」程度なら、さらに中学1年あるいは2年あたりまでなら問題の難易度も1か2程度でしかありませんから、数学になんとかついていけるでしょう。しかし、階層が高くなり、3レベル以上の本物の「数学」になる3年あたりからは対応が難しくなり、いくら努力しても成果はさして上がらないということになるのです。

もっとわかりやすくいうと、国語ではある事項に対する理解度が、仮に90パーセント程度であっても、テストでは9割とはいかないまでも、それに近い点数は獲得できます。

文章を要約する課題で、誤字がひとつや二つあっても、全体の要旨が適切だったら、6割や7割の点数が取れたりします。したがって、さまざまなタイプの文章読解に関する知識類の「量」

が重要です。

しかし、数学ではそうはいきません。解答の99パーセントまで適切であっても、ほんの1パーセントでも不適切な箇所（計算ミスなど）があったら正解にはならず、それどころか0点になったりします。関係する知識類の100パーセントの理解が必要、つまり「質」のほうが、より重要ということです。

図表5　中学・高校段階における数学の問題の難易度分類

難易度	実例
10	よほどの数学的センスがあっても試験場での完答は不可能的。一部分が解けるだけ
9	よほどの数学的センスがなければ試験場では解けない
8	大学受験用学習書にも類題はないが、7レベル問がスラスラ解ければ試験場で解決可能
7	大学受験用学習書の最上級レベル問題
6	大学受験用学習書の中級レベル問題
5	高校教科書の最上級レベル問題
4	高校教科書の中級レベル問題
3	中学教科書の最上級レベル問題（高校教科書の初級レベル問題）
2	中学教科書の中級レベル問題
1	中学教科書の初級レベル問題

しかも、数学の問題階層は図表3、図表4にあげただけに止まりません。中学レベルなら難易度にしてせいぜい3程度が限度ですが（ただし、それは公立高入試レベル。私立難関進学高の入試問題だったらもう2段階くらい高くなる）、高校も含めると、図表5のようになります。

「数学」と名がつくかぎり、問題はことごとく難易度的に何段階かに分類されます。それがすべて整然とした階層的構造をなして大学数学、さらにそれ以上の高等数学に至るまで、図表5のようにつながっていることが、国語などの文系科目との最大の違いです。

さらにいえば、たとえば高校教科書の最高レベルの難易度5の問題（センター試験レベル）を、試験場で、短時間で解くためには、4以下の階層のほとんど全問を、「一読するだけでスラスラ解ける」という条件が必須であることも、中学数学の場合と同様です。

●日本の入試数学は世界でも最高レベル

ここで、大学受験までの各種試験で、1～10まで、それぞれの難易度の問題が実際にどの程度の割合で出題されているかを、概略的に示してみましょう（図表6）。

アメリカの例はＳＡＴ（大学入学資格検定試験――日本でいえばセンター試験に相当する）のものです（ＳＡＴの問題は大型書店の洋書部で入手できます）。

図表6でもわかるように、わが国の大学入試数学は、きわめて難しいものになっています。センター試験でさえ、ＳＡＴより問題の難易度が全体的に1ランクは高くなっています。地方の国立大医学部（図表6でいえば香川大）になると2ランクは上、最難レベルの東大（理系）になると4ランクも5ランクも上です。このことをもってしても、わが国の大学入試の過熱ぶりがわかります（アメリカでは個別大学の入試はありません）。

しかし、いまさらここで「過熱だ」などと嘆いても始まりません。登山家が、そこに山のあるかぎり登るのと同様に、受験生は、そこに試験があるかぎり、それを受け、高得点を取らなければ目指す学校には入れません。そして数学でいえば、図表6にあるように、すべての階層とはいわないまでも、たとえば医大（東大を除く）でしたら、少なくとも6レベルあたりまでの階層内のほとんど全問を、それほど時間をかけなくても解けるようになれないかぎり、合格点は取れないのです。

そのためには、5レベルの階層までのほとんど全問が、「一読しただけでスラスラ解ける」ようになるまで、1段階ずつコツコツと登っていく以外にないのです。

図表6　各種試験における数学の問題の難易度別出題率（%・2011年度）

難易度＼試験の種類	東大（理系）	SAT（米）	昭和大（医）	香川大（医）	センター試験数1	東京都公立高入試
10	26					
9	40					
8	17		10	20		
7	17		20	20		
6			30	40	20	
5		10	30	20	35	10
4		50	10		45	15
3		40				20
2						30
1						25

教育評論家が声高に叫ぶ「国語力はすべての教科の基礎である」のウソ

「国語得意タイプ」は中3のふしめあたりで数学の学力が伸び悩み、はては落ち気味になり、ほかの科目にもそれが波及して、全体的学力も「数学得意」に追い越されたりします。国語的理解力や学習法、もしくは対応法が、数学には通用せず、それどころか、却《かえ》ってマイナス的に作用したりするからです。

ところがこんなことを言う人がおります。

「国語力はすべての教科の基礎である」

「国語力が充分でなければ、中学・高校では伸びない」

高名な教育者・教育評論家の多く、いわゆる有識者と呼ばれる人々が、このようなことを言っています。そのほとんどは「国語系」の人です。

その理由として、「すべての教科は日本語の文章で書かれている。したがって、その日本語の文章を読んで理解することを学習の主要な目的とする国語的能力は、すべての教科の基礎である」というわけで、もちろん、その「すべての教科」のなかには算数・数学も含まれています。そして、文章読解力が算数にも有用であることの例として、次の「問1」のような問題をあげたりしています。

小5で学ぶ「距離と速さ」に関する文章題です。難易度は中学数学でいえば、教科書の最難レベルの2といっていいでしょう（小学校の教科書には難易度2レベルまでの問題しか載っていません）。

「問1」を理解し、さらに解くためには、題意の事実関係を正確に理解する能力を必要とします。たしかにそれは「国語的能力」と言ってよいでしょう。

問1　太郎君は家から2㎞離れた駅へ行くのに、はじめは分速50mの速さで16分間歩いた。ところが電車に遅れそうになったので、途中で分速を80mにあげた。あと何分で駅に着きますか。

（解答は66ページ）

そして、「したがって、国語的学力や能力は算数にも有用であり、基礎にもなっている。数学にしても、文章、つまり日本語で書かれているのだから同様である」という理屈らしいのですが、このような論調の文を読んで「たしかにそうだ」と考えられた読者には、一言、申し上げたいところです。

まず、この評には重要な「論理の飛躍」と「事実誤認」があります。論理の飛躍とは、小学生レベルの算数と、中学・高校さらにはそれ以上の高等数学をも一緒くたにして論じているということです。

小学算数程度の文章題を解くのに、文章読解力が重要であることはたしかでしょう。問1を解く際に関係する各種能力のうち、文章読解力は、もしかすると8割から9割も占めているのかもしれません（ほかの1割か2割は「距離と速さに関する算数的計算力」）。

●数学の問題に国語力では太刀打ちできない

では、「問2」はどうでしょう。

「問2」は、東大（理系、2011年度）の入試問題（「問題6」として出題されたもの）です。この問題を解く際に関係する諸能力のうち、文章（日本語）読解力が、どの程度の割合を占めているというのでしょう。おそらく1割にも満たないのではないでしょうか。

図表5にあげた問題の難易度分類でいえば、「問2」の（1）は7レベルの問題、「問2」の（3）にいたっては、10レベル、つまり高校以下の数学に関しては最高レベルの難問です。「国語力はすべての教科の基礎である」と主張する識者たちは、その国語力、つまり（日本語の）文章読解力に関しては、わが国でも最高的能力の持ち主に違いないでしょう。しかし、それほどの能力、読解力をお持ちの方が、1時間以上考えても、失礼ながら、「問2」の（1）で問われていることの意味すらわからないのではないでしょうか。

つまり、国語的能力が問題解決に重要な割合を占めるのは、問題のレベルが低い、難易度でいえばせいぜい1か2あたりまでの数学の問題なのです。その程度の難易度の問題であれば、一般知識の山からあまり離れていませんから、解決の際には文章読解力も相当程度関係します。

問2　東大入試問題（理系、2011年）

（1）x、yを実数とし、x＞0とする。tを実数とする二次関数 $f(t)=xt^2+yt$ の、$0 \leqq t \leqq 1$ における最大値と最小値の差を求めよ。

（2）略

（3）次の条件を満たす点（x、y、z）全体からなる座標空間内の領域をvとする。

$0 \leqq x \leqq 1$ かつ $0 \leqq t \leqq 1$ の範囲のすべての実数tに対して、$0 \leqq xt^2 + yt + z \leqq 1$ が成り立つ。

vの体積を求めよ。

（略解は66ページ）

しかし、問題の難易度階層が高くなると、そうはいかないのです。

数学の問題は難易度的にすべて何段階かの階層構造をなしてつながっています。その階層を飛び越えて、たとえば高校数学でいえば5（高校の教科書の最難レベル問題）までしか学習していないのに、いきなり10を解くというわけにはいかないのです。どんなに頭が良く、理解力・読解力があってもダメです。それが数学の重要な特殊性なのです。

ついでにいうと、国語ではそのような〝問題の難易度的階層性〟はありあリません。そのことは「問3」の東大国語（文理共通、2008年度）の入試問題をみてもわかると思います。

「問3」は歴史に関する長い評論文の一

部（全体ではこれの10倍くらいある）ですが、これだけでもたいていの読者は大意くらいはつかむことができ、10点満点で3点や4点は取れるのではないでしょうか。優秀な中学生なら5点くらい取れるのかもしれません。

問題の難易度的階層性があまりないから、つまり、どんなハイレベル問題でも、一般知識の「山」からあまり離れていないから、それが可能なのです。

問3

さしあたって歴史は、書かれたこと、書かれなかったこと、あったこと、ありえたこと、なかったことの間にまたがっており、画定することのできないあいまいな霧のような領域を果てしなく広げている、というほかない。歴史学がそのようなあいまいな領域をどんなに排除しようとしても、歴史学の存在そのものが、この巨大な領域に支えられ、養われている。この巨大な領域のわずかな情報を支えてきたのは長い間、神話であり、劇であり、無数の伝承、物語、フィクションであった。

問い、棒線部はどういうことか、六〇字以内で説明せよ。

（解答例は66ページ）

算数と数学は、まったく異なるもの。「水と油ほど違う」は過言ではない

有識者たちの「事実誤認」についても述べましょう。

その最たるものは「算数」と「数学」とを〝同じようなもの〟と考えているということです。おそらくそれは、どちらにも〝数〟という文字がついているということに起因するものと思われます。しかし、それはとんでもない話で、もちろん、親戚でもありません。算数と数学は、水と油ほども違います。

算数……主として日常生活に関する事象のうち、「数」に関するそれを考察の対象とする。すなわち「有限」の事象や事項を扱う。

数学……日常生活も含め、「数」や「式」に関する「すべての事象や事項」を考察の対象とする。つまり「無限」の事象や事項を扱う。したがって必ずしも〝具体的事実〟にとらわれない。

これだけでは抽象的すぎて、どんなことかわかりにくいかもしれません。

では、次の「問4」を考えてください。

（一）は小学生レベル、（二）は大学数学（整数論）レベルの問題です。

自然数とは1、2、3……といった、1以上の整数のことです。

100までの自然数は100個あります。そのなかで、偶数は50個ですから、（一）の答えは当然、「整数のほうが多い」です。

だからといって、（二）の答えも同様にはなりません。

「そんなバカな、自然数は1、2、3……と並んでおり、偶数はその間に飛び飛びに2、4、6……とあるだけだから、整数のほうが多いに決まっている」

そう考えられた読者は、失礼ながら高校あたりで数学に挫折を経験した方に違いないでしょう。

そもそも、一般人が考えて〝バカバカしい〟と思われる問題が、大学レベルの数学であるはずがないのです（数学的能力のかなりの部分は、このように一般常識的事項でも疑ってかかるというふうな性癖、もしくは性格的特性が関係します）。

さて、（二）の答えは「同数」です。

問4

（一）　100までの自然数のうち、整数と偶数はどちらが多いか。

（二）　すべての自然数のうち、整数と偶数はどちらが多いか。

証明は次のようになります。

証明　nを自然数とすると、偶数は2nと表される。n＝1、2、3……に対して、2n＝2、4、6……というふうに、どんな自然数nに対しても、それに対応する偶数は存在する。すなわち、自然数と偶数は常に〈1対1に対応する〉。したがって自然数と偶数は『同数個』存在する。

この証明を読んで、「なるほどそうだったのか」と理解できた読者は、そう多くないかもしれません。

偶数は自然数の一部分にすぎません。したがって、「一部分は全体に等しい」、つまり、「千葉県の面積は日本全体の面積に等しい」といった理屈と同じようなものだからです。

理解とは現実的世界、もしくは身のまわりの似たような現象や事象を思い浮かべ、それに結びつけたりして納得することです。しかし、現実世界には「一部分が全体に等しい」といった現象はあり得ません。「理解できなければ、わからない」のが当たり前なのです。

●数学とは「非現実的」な世界

けれども、理解できない（わからない）からといって、この証明がおかしいのではありません。数学で「おかしい」とは、この証明が間違っていることを、数式などを用いて、それこそ「証明」しなければなりません。それができない以上、正しいと「認める」しかない、つまり、自然数と偶数の個数は等しいのです。もっとも、これは、考察の対象を現実的世界だけでなく、非現実的世界（無限的世界）にまで広げたことによって生じた「解答」ですが……。

ついでにいうと、私もこの証明は「わかりません」。私だって現実世界では「一部分は全体に等しい」というような現象を、見たことも聞いたことないからです。

しかし、数学で生きている以上、「わからない」というわけにはいきません。だから、わかったような「ふり」をしているにすぎないのです（たいていの、というよりほとんどの数学者・数学関係者は同様ではないかと思われます）。

国語力は数学の理解に役立たないどころか、むしろマイナスに作用する

現実的世界の知識、つまり「一般知識」のあまりない子どものほうが、かえって数学にうまく適応できたりします。

かつてイギリスで、そのような事例がありました。12歳でケンブリッジ大学の数学科を首席

で卒業し、そのまま大学院に進み、15歳で博士課程も修了してしまった少女です。

韓国でも似たようなケースがありました。8歳で大学の数学科に合格した子どもです（わが国では小・中学生レベルでの飛び級制度がないから、その種のことは起こり得ません）。しかし、15歳で博士課程を修了したり、8歳で大学に合格したりするようなことは、数学だからあり得る話で、日常経験や社会生活的体験がものをいう文系的世界ではまず起こりません。たとえば、「8歳の子どもが大学の史学科に入学した」といった話は聞いたことがありません。

ともあれ、国語的能力・理解力・文章読解力など（「など」いうと国語関係者からお叱りを受けるかもしれませんが）、いくらあっても、数学の理解には役に立たないどころか、却ってマイナスになったりします。国語力が有用なのは、せいぜい一般知識が主体になる小学算数あたりまでです。

算「数」で有用であれば、同じく「数」という文字がつく「『数』学」でも同様だろうと考えるのは、高尾山もエベレストも同じ「山」なのだから、「高尾山に登れる人はエベレストにも同様に登れるだろう」という理屈と同じようなものなのです。

しかし、そんなことをいうと、こう反論する国語関係者がいるかもしれません。

「数学の理解に国語的能力がそれほど関係しないことはわかった。だが、社会・英語・理科はどうなのか。それらは数学のような非現実的世界の事象ではなく、我々が現に生きて暮らしているこの現実的世界の現象や事象を主たる考察の対象とする。したがって、それらの理解のためには、『数学』よりも、国語的理解力や能力、方法論のほうがはるかに有用ではないのか」

しかし、その反論も、じつは的を射ていません。社会・理科・英語、さらに国語の一部においても、少なくとも高校レベルまでの受験学習においては、「国語脳」よりも「数学脳」のほうが、むしろ有用なのです。

次章で、そのことを明らかにします。

本章のまとめ

①本好きの子は中２あたりまでは“できる子”でいられるが、中３の高校受験期以後は、**成績順位は低下気味**になる。

②「国語力はすべての教科の基礎である」という **“常識”は間違い**である。

③国語的能力は「算数」の理解や学習には、ある程度、有用だが、「数学」には、あまり役に立たないどころか、**却ってマイナス的**に作用したりする。

問1　解答

毎分 50m の速さで 16 分歩くと、進んだ距離は　$50 \times 16 = 800$ (m)、残りは 1200m であるから、それを分速 80m の速さで歩くと、かかる時間は　$1200 \div 80 = 15$　より…………………… 15 分（答）

問2　略解

（1）　$T = xt^2 + y$（$x > 0$、$0 \leqq t \leqq 1$）　とおき、変数 t を横軸、T を縦軸、x、y を文字定数とする２次関数のグラフを考え、頂点の位置によって場合分けする。

（一）　$0 \leqq y$　のとき…………………………………… $x + y$（答）

（二）　$-x \leqq y \leqq 0$　のとき…………………… $x + y + \frac{y^2}{4x}$（答）

（三）　$-2x \leqq y \leqq -x$　のとき……………………… $\frac{y^2}{4x}$（答）

（四）　$y \leqq -2x$　のとき………………………… $-x-y$（答）

(2)　平面 $x = k$（$0 \leqq k \leqq 1$）による立体 V の切断面を考え、それを k の式で表し、$k = 0$ から $k=1$ まで積分する。

切断面の面積は $1 - \frac{k^2}{6}$　と表されるから、求める体積は、その式を 0 から 1 まで積分して……………………………… $\frac{17}{18}$（答）

問3　解答例

「歴史学とは文字によって表現されたことがすべてではない。その他にも非文字的表現の領域があり、そのほうがはるかに巨大である」

コラム

子どもの可能性は無限大①

■小学算数の文章題は東大数学より難しい？

平成25年10月、入試数学に関する、ある重要な実験が行われました。コンピュータが大学入試レベルの問題にどれだけ対応できるかを調べる実験です。

その結果が下の図表Aです。

試験問題は大手予備校（代々木ゼミナール）のもので、コンピュータは国立情報研究所が開発した「東ロボくん」でした。

この図表で目につくのは、数学ではセンター模試より東大模試のほうが、東ロボくんの得点が高いということです。人間だったら逆でしょう。センターで偏差値が50程度だったら、東大模試なら30かそこらの最低レベル。点数にして10点は絶対に取れません。

センター模試での問題のレベルは[2]、[3]、[4]が中心、最難でも[5]程度なのに対して、東大模試のほうは、最

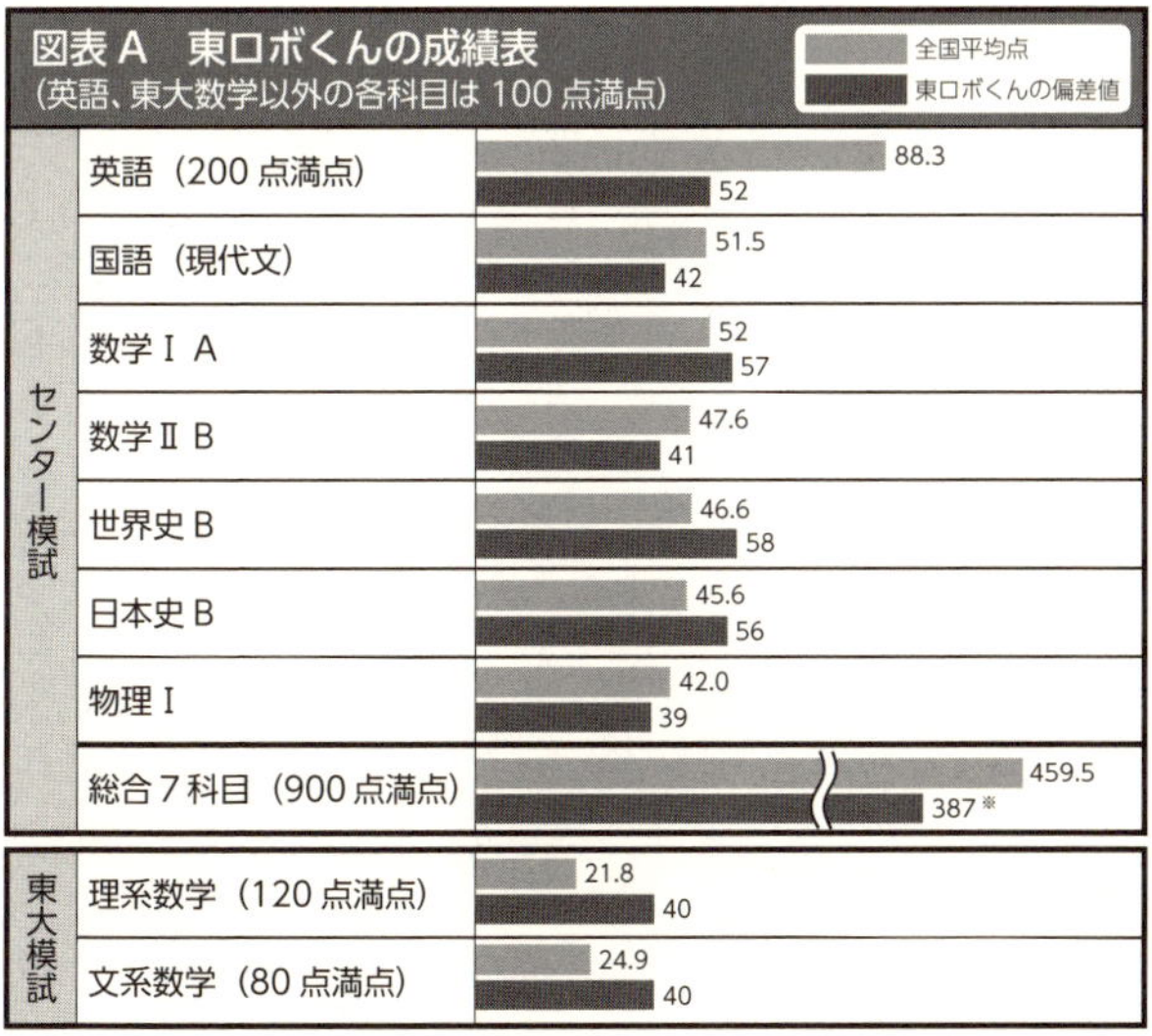

※この項だけ東ロボくんの得点

も易しい問題で7レベル。ほとんどは9以上の超がつくほどの難問だからです。

これは何を意味するのでしょう。

コンピュータが問題を解くといっても、コンピュータ自体が「考えて」解決するわけではありません。

あらかじめ、たとえば高校数学の「ほとんどのタイプ」の問題を分析し、それらをデータベースとして保存しておき、その「ほとんどのタイプ」の方法のうち、解くべき問題の解決に関係がありそうなものを瞬時に選び出し、それらをやはり瞬時に組み合わせて、適用して解くだけのことです。

人間なら、その選び出しや組み合わせの操作は、試験場では、せいぜい数回程度しかできませんから、その段階で真に有効なものを抽出しなければなりません。つまり、解決（＝解答）にあたっては、「ひらめき」的能力が関係します。

しかし、コンピュータは、そんな「ひらめき」などに頼る必要はありません。そういった操作を瞬時に、何十回でも何百回でもできます。しかも、計算的処理は速いうえに正確です。

したがって、データベースの整備されている課題、すなわち、解決にあたっては学習知識が主として関係する課題（図表3（45ページ）でも示したように、数学はレベルが高くなればなるほど学習知識主体になります）の処理は、人間よりコンピュータのほうがはるかに得意というわけです。

逆にいえば、データベースの整備されにくい課題ほど、つまり解決にあたって、学習知識のほかに、日常生活でのさまざまな経験のような、一般知識も重要的に関係するセンター試験程度の易問のほうが、コンピュータにとっては却って対応しにくい（難しい）ことになるのです。

おそらくコンピュータにとっては、解決にあたって一般知識がセンター試験よりも多く、さらに重要的に関係する小学算数の文章題のほうが、東大の問題より対応しにくい、つまり解きにくいものと思われます。

小学生のお子さんが、「問1（55ページ）」のような文章題に手こずっていても、

「なんでそんな（簡単な）のができないの」

などと叱ってはいけません。そのとき、お子さんは「東大入試問題よりも難しい課題」に挑戦しているのですから（小学生レベルの文章題のうち、教科書の程度を超えた難易度のものは、中学受験をするのでなければ無理に学習する必要がないことは、第4章で改めて詳述します）。

なぜ東大は難問を出題するのか

さて、東大数学の問題は完答、つまり最終的解決にまで行き着くことはあまりできないものです。というよりは、出題する側は完答などあまり期待せず、むしろ「解けない（最終的解決にまで至るのは難しい）」問題をあえて出題する、といってよいでしょう。

では、東大は「解けない問題」をなぜ出題するのでしょう。

それは、解けない問題でこそ、解答者の真の数学的能力の程が測れるからです。

数学にかぎったことではありませんが、ある学科（または学問）に関するその人の知的能力を構成する要素は、大別して次の2種類があります。

（一）知識的要素……数学でいえば基本的学力
（二）精神的要素……精神的耐久力や適応能力

数学のレベルが低いうち（高校あたりまで）は、（一）が重要ですが、数学のレベルが高くなればなるほど、（二）が重要になります。

専門の数学者レベルになると、（彼らが保有する）数学的能力のうち7割あるいは8割は、（二）で占められているとさえいわれています。

誰でも解ける易問ではこの（一）（二）ともあまり測れません。山登りにたとえるなら、高尾山のような誰でも登れる易しい山では、その人の体力や精神的耐

久力（どれだけ頑張れるかなど）の程がわからないのと同じようなもので、そうした「力」は、登れそうもない山、つまり頂上までは到達するのが難しい「難峰」でこそ、正確に判定できるというわけです。

登山口付近、二合目あたりで挫折した人と、頂上近くの八合目近辺まで登れた人では、体力・精神力の違いがはっきりわかるというものです。

東大の数学の問題が難問であることには、もちろん理由があります。解けない（完答はできない）問題を相手に、どの程度まで迫ったかという、専門用語でいえば「解きほぐし」の程度によって、その人の数学的能力の程が正確にわかるというわけで、東大はあえて「解けない」問題を出題するのです。

つまり、東大数学の問題は「解けない」のが当たり前のようなものです。一部分がようやく解けるにすぎません。それで「部分点」を細かく稼ぐしかないのです。

実際の入試で、「部分点」は相当にもらえるようです。理Ⅲの友人で、「全6題中、正解は1題しかなかった」という人がいました。あとは部分点で稼いだのでしょう（私も正解は2題だったと記憶しています）。

第2章

数学ができれば全科目ができるようになる

受験のための最も効率的な学習法は「数学が得意」になること

受験「戦争」という言葉があることからもわかるように、高校入試にしても大学入試にしても、本物の戦争と似ていることが少なくありません。

まず、どちらにも勝敗（＝合格・不合格）があります。さらに、勝つと負けるでは、関係した人や勢力の、以後の人生展開（または興亡）が大きく異なります。本書の主題である医大・東大受験に関していえば、合格者と不合格者とでは、以後の運命をくらべてみるまでもないでしょう。医大に関しては、とくにそうです。東大を受験して不合格だったとしても、ほかの大学に合格し、その後の努力によっては、「東大不合格という損失」をカバーすることも可能でしょう。しかし、医大に不合格だった場合、医業の世界に進む道が閉ざされてしまうことはいうまでもありません。

結果だけではありません。途中経過に関しても共通する事項があります。その最たるものは「効率重視」です。

戦争では敵対的勢力よりも効率的に準備し、効率的に攻撃し得た側が最後の勝者となり得るのと同様、受験においても、ライバルよりさらに効率的に学習し得た者が、合格の栄冠を勝ち取ることができます。

医大・東大受験に関していえば、その効率的学習の最良のものは「数学重視」です。なにはともあれ、数学がまず得意になることです。いや、単なる「得意」程度では不足です。「秀才レベルの得意」に、偏差値でいえば中学生なら75、高校生なら70程度の「得意（同じような学力順位でも高校生は中学生より偏差値にして5ポイントは低くなる）」になることです。

なぜでしょう。

それは、受験の世界には次のような格言があるからです。

「数学ができれば全科目できる」

本章では、この格言の意味を検証していきましょう。

●「数学オタク」は化ける？

「数学得意」な中学生がいるとします。たとえば「学校の中間テスト、期末テストで数学はだいたい満点近くを余裕で取れる。ただし、ほかの科目はそれほどでもない。全科目を総合すると、クラス内における学力的順位は中の上から上の下レベル。したがって、ふだんはあまり目立たない。せいぜい、数学だけがヘンにできる『数学オタク』くらいにしか思われていない」といった生徒です。

ところが、高校受験期になると変わってきます。数学だけでなく、ほかの科目もできてきます。受験時には、いつのまにか総合してクラスでも最上位レベルに上がっており、その地域でトップレベルの進学高に合格しています。

高校ではさらに伸びます。数学はそのまま「得意」を維持し、ほかの科目もまんべんなくでき、医大・東大を含む難関大学にも合格しているというケースです。数学が、「ちょっと得意」という程度ではなく「きわめて得意」レベルになれば、とくに受験期では、それに牽引されて、ほかの科目もできるようになることは経験則としてあります。

その理由のひとつは「時間的余裕が生まれること」です。

高校受験生がいるとします。第一志望は公立高としましょう。

受験科目は英・数・国・理・社の5科目です。受験学習に入る前、中2の3学期ころの偏差値的評価は、「数学はきわめて得意で75、ほかの科目はそれほどでもなく、いずれも60前後、総合すると、偏差値は65程度」としておきましょう。そのままでは公立トップ校には届かないレベルです。

中3になり、受験学習に入った時期に、1週間の学習時間は、平日が5時間、土・日は12時間から13時間とすれば、合わせて50時間くらい確保できます。その配分は、英・数それぞれ15時間ずつ、ほかの科目で20時間程度というのが標準的でしょう。

しかし、「数学きわめて得意」なら、数学に15時間も費やす必要はありません。

中1、中2で学んだ事項は忘れていないし（そうでなければ「偏差値75レベルの得意」にはなれません）、そのような基盤があるから、中3で新しく学習する項目も、学校の授業でほとんど理解できます。そうなれば、家庭での数学の学習は、週に2時間か3時間もあれば充分です。余った時間をほかの科目にまわせますから、それが積もり積もって受験直前あたりには、ほかの科目もそれぞれ偏差値にして5ポイント以上をアップでき、総合して70を超え、その地域でトップの進学高に合格できることになります。

●数学が得意なら「医大・東大一直線」も夢ではない

高校へ進むと「数学得意」はさらに伸びます。図表5（51ページ）に示したとおり、高校数学など半分近くは中学数学の繰り返しであるためです。

数と式の計算、1次関数・2次関数、各種図形の性質等々、重要事項の多くは、中学ですでに学んでいます。「数学得意」となれば、それらを忘れていませんから、その復習に苦労しているクラスメートを尻目に、授業には余裕でついていくことができます。

数学以外の科目に時間を投入できることで、結果として、そのほかの科目も成績が上がり、「医大・東大コース一直線」ということになり得るのです。

いますぐ誰にでも始められる「数学脳」をつくる3条件

「数学ができる」ことは「全科目ができる」ための必要十分条件ではありません。せいぜい、必要条件のうちのひとつにすぎません。数学はきわめてできる、つまり「秀才レベルの得意」であっても、それが、ほかの科目にあまり波及しないタイプもいるからです。

したがって、前述した「数学ができれば全科目できる」は、「学習のタイプが数学脳型であれば全科目できる」と言い換えたほうが、より正確でしょう。

学習のタイプにおける「数学脳型」とは、次の3条件が満たされていることを意味します。

（一）学習知識が数学のように「階層的構造」をなしており、階層の下部ほど密になっている。すなわち、基礎的知識類の量が充分であり、それらをほとんどスラスラと操作できる。

（二）使用する学習書の「1冊徹底学習」ができる。

（三）試験に合格するための「要領の良い対応」ができる。

●1冊の本にしぼって学習し、数学の成績がアップ

3条件のうち、（一）（二）に関し、私にはひとつの思い出があります。

私は大学受験時に浪人生活を経験しましたが、浪人時代、ある有名予備校に籍をおいていました。東大合格者数一千数百名と豪語するマンモス予備校でした。

そこでの数学の試験にまず度肝を抜かれました。まるっきりわからないのです。「このタイプだから、こうすればよい」とわかる問題など、ほとんどありません。そもそも大手予備校の難関クラスの試験問題は、たいていの大学入試問題より難しいものですが、それにしても難しすぎました。

入学早々に行われた第1回の総合模試の結果は惨憺《さんたん》たるものでした。総合でようやく中くらいでしたが、数学は、後ろから数えたほうが早いくらいの順位でした。

これではいけない。もう一度基礎からやり直さなければと、1か月もしないうちに、その予備校の数学の授業を受けるのを辞めてしまいました。

教材を『数学精義（I・II・III）』（今はない）という参考書だけにしぼり、とにかく、その本に載っている問題なら1題残らず、しかも、それほど時間をかけなくても解けるようなレベルを目指し、一人で学習しました。『数学精義』3冊だけを繰り返し練習したのです。

2学期の中ごろまでかかりましたが、どうにかその目標に到達できました。そこでようやく、何回目かの総合模試を受けたところ、どうでしょう。数学では数千人の受験者のうち、ベスト10に入ったのです。

数学の問題が易しく感じられた結果、それだけの好成績をやすやすと取れたというわけではありません。1学期のときほどではないにしろ、難しいことに変わりはありませんでした。「ああ、あのタイプか」とわかって、スラスラ解ける問題など、ほとんどありません。どれもこれも初めてお目にかかるようなハイレベル問題であることは同じでした。ただ、それに対応できるように、私のほうがなっていたのです。

あるレベル以下の、具体的にいえば、図表5（51ページ）に示した6レベルまで（『数学精義』の最難レベルはその程度でした）のほとんど全問が、それほど時間をかけずに解けるような学力段階になっていた結果、つまり、（一）の基礎的事項の量が充分で、それらをスラスラと操作できるという条件が満たされていた結果、試験場では7レベルまでは（6以下レベル問題の単純な組み合わせ型にすぎないため）やはりスラスラと解け、8や、ときには9レベルまでも（それ以下の難易度の問題の多少複雑な組み合わせ型であるから）、多少の時間はかかっても、なんとか試験時間内に解決できるように、私の頭脳の倉庫が整備されていたのです。

逆にいえば、図表4（47ページ）で、1→2→3を例としてあげたように、6以下レベル問題のうち、ひとつでも解けない問題があれば、それがネックとなって、6以下レベル問題が、複数個の組み合わせされた型である7が解けなかったりします。

さらに7が解けなければ、8、9はますます解けないというわけで、数学では「1冊徹底学習」ができていなければ、とくに時間のかぎられた試験場で高い得点を獲得するのはほとんど不可能的といってよいのです。

東大の入試数学を解くカギは「ひらめき」にあり

数学にかぎったことではありませんが、私たちが、何か問題を解く際の思考法は、大きく二通りに分けられます。心理学者はそれを「連続的思考」と「非連続的思考」と規定しており、それぞれ次のようなことを意味します。

①連続的思考……単に覚えていたことをそのまま思い出すか、またはそれらを複数個思い出して組み合わせたりし、定められた手順通りに操作するだけで済むもの。

②非連続的思考……単なる記憶の思い出しや、それらを複数個組み合わせるといった程度の操作では済まない。どこかで思考が途切れることがあり、そのあとで、何らかのかたちでの「ひらめき」が到来して解決される。

数学の問題を解く場合についてわかりやすく言えば、①の連続的思考は、問題文を一読するだけで「ああ、あのタイプか」「あの解法を使えばよい」といったぐあいに、似た問題を解いた経験や関係のありそうな処理法などを思い出すことにより、とくに努力して考えなくても解決の糸口が得られ、その方向に沿って解くことができるものです。

一方、②の非連続思考となると、ことは、そう簡単に運びません。いくらか似た問題や、関係のありそうな事項などの思い出しが、まったくないわけではありませんが、それらをどのように操作していったら解けるのかは、問題文を一読したくらいでは、なかなかわからないのがふつうです。

たとえば、「ここがこうなっているから当然この方法でいいはず」といった連続的思考は通用しません。どこかで一旦、思考が中断し、早くいえば行き詰まるときがあり、そのあとで有効な方法などが「ひらめいて」、ようやく解決されるものです。

実際、このようなことはたいていの人が経験しているはずです。

初めて見るようなタイプの高度な問題に出合ったとき、「うまい解き方がすぐには浮かばない。とりあえず考えついた方法を試してみても、うまくいかない。じっくり腰をすえて少しずつ手がかりを探していっても、途中でそれがぷっつりと切れたりする……」。そんな手詰まりの状態になったとき、突如としてうまい方法が「ひらめき」、あとは一瀉千里《いっしゃせんり》で解決、というようなことです。

東大数学など、ほとんどは「初めて見るようなタイプの高度な問題」です。したがって多くはそのような「ひらめき」の連続で解決されるといってよいでしょう。

東大の問題はクリアすべき段階が多いものです。その各段階において、連続的思考はまず通用しません。思考が途中で途切れてしまいます。そのあとで非連続的思考によって、つまり、何らかのかたちでの「ひらめき」が到来してその段階が乗り越えられ、それらがいくつか積み重なって最終的解決に至れることができるのです。

ともあれ「ひらめき」です。ハイレベル問題の解決には、ひらめき的能力が重要な役割を果たしているようです。では、「ひらめき」の正体とは何でしょうか。こんどは、それを探ってみましょう。

誤解をおそれずにいえば、ひらめきは「異端のわざ」

思考に関する古典的名著『思考の科学』を著したG・ワラスによれば、ひらめきを必要とするような高度な問題の解決には、一般に次の四つの段階が必要であるといいます。

「準備し着手する」→「ほかのことをする」→「ひらめく」→「検証する」

すなわち、準備し、取りかかり、さらに考えに考え抜いたあとで、なおかつワンクッションおいて、ようやくひらめきは到来するらしいのです。

ここで「ほかのことをする」という段階に疑問をもつ人も多いことでしょう。考えたらすぐに解決するほうがすっきりするのに、どうしてそのような、一見したところ無駄としか思えないような段階が必要なのでしょうか。

この「ほかのことをする」を、人によっては「あたため」と呼んだりしていますが、そのような一種の「無駄的時間」の効用の解明を試みた人がおります。オレゴン大学心理学教授ウィルケルグレンです。ウィルケルグレンは『問題をどう解くか』の中で、その効用を主として次の2種類をあげています。

（一）初めに考えた正しくない方法についての、さまざまな思い込みを取り除く
（二）（一）と関連したことであるが、邪魔な思い込みなどが取り去られたあとで、別の角度から見た「模様替えされた記憶」や、「新しい事柄」を思い出す

何か課題を考える際、どんな難問でも、うまくいきそうな方法のひとつや二つは思いつけるものです。それが（一）の「初めに考えた方法」です。その種の課題に関し、最も一般的な方法という意味で、「正統的方法」と言ってよいでしょう。それで解決できたら苦労はありません。問題解決上の用語でいえば、さきほどの「連続的思考」による解決です。

しかし、あるレベル以上の課題になりますと、そのように連続的には解決できません（だか

ら難問なのです）。要するに、正統派ではうまくいかないのです。ただ、そのうまくいかなかった方法、つまり正統派は、その種の課題については最も一般的と思われる方法であるだけに、解答者の骨の髄《ずい》まで染み込んでいたりします。それでうまくいかないからといって、簡単に忘れ去られるものではありません。忘れるにも時間が必要です。それがワラスによれば、「ほかのことをする」段階なのです。

そのようないわば「空白のとき」のあと、すなわち正統派という邪魔な思い込みなどが退散したあとで、あまり一般的ではない方法、いわば「異端的方法」が登場して解決される、それがひらめきの〝正体〟であり、メカニズムなのです。

実際、このようなことを数学の試験で経験している人も少なくないでしょう。「難しくて解けそうもない。一時的に放置しておいて、ほかの問題に取り組み、しばらくして、それに戻ったら今度は解けた」ということです。その、「ほかの問題に取り組んでいたとき」に邪魔な正統派が退散していたのです。

●難問を解く「ひらめき」は、どうしたら身につくか

正統派・異端派も、みずからそれを称しているわけではありません。人間が勝手にそう考えているにすぎません。とりあえず身近にあり、おのれの小智や狭い了見・知見で制御できそうなものを「正統派」とし、その他大勢の手の届きにくいものや扱いにくい事項などを「異端派」

と見做《みな》し、考慮の外においているにすぎません。

もともと、それらは、同じく「数ある方法のうちの一部」です。そのわれわれが便宜的に分けて扱っている二つのものが合わさって、方法全体が形成されているのです。

一方でうまくいかなければ他方が有効だったりするのは、理の当然なのです。

結論をいうと、「ひらめき」とは異端のわざ、つまり通常は思いつかないようなことや、その種の課題解決には、あまり一般的とは考えられていない事柄などを思い浮かべることから発生します。したがって、たとえば学習数学において、ひらめき的能力を活用して高度な問題を解くためには、次の二つの条件が必須なのです。

（一）　全方位的学習

（二）　（一）に関し、その個々の事項の理解を万全にする

好きな分野や得意な項目などに偏《かたよ》らない「全方位的学習」ができていれば、その「あまり一般的とは考えられていない事項などが思い浮かべられ」、さらにそれらの理解度が万全であれば、それを「実際の問題解決に役立つように適用できる」からです。要するに「1冊徹底学習でひらめきを養う」ことで、ハイレベル問題も解け、試験では高得点を獲得できるのです。

また、以上は主として数学についてですが、私には、国語を除く、ほかの科目でも同様では

ないかと思われます。国語以外の科目なら、1冊の、とくに参考書類には、問題解決に必要とされる事項のほとんどは掲載されているのですから。

●ほかの科目にも応用できる「1冊徹底学習」

「数学得意者」は、数学に関して、(一)(二)の条件は満たされているものですが(それができていなければ偏差値70レベルの〝得意〟にはなれない)、それだけでは、ほかの科目にまで、それほど波及しません。せいぜい、前述したように時間的余裕ができ、それをほかの科目にまわせる程度の貢献しかありません。また、その時間を有効に使えて、ほかの科目も数学と同様に、もしくはそれ以上に「できる」ようになれなければ、医大・東大レベルには届きません。

数学で余った時間を有効に使って、ほかの科目もできるようになるためには、まず、ほかの科目も、数学と同様に使用する学習書、とくに参考書の「1冊徹底学習ができる」という条件も必要不可欠になります。

ここで読者に、質問をします。

高校入試でも大学入試でもかまいません。試験場に1冊だけ、何か学習書を持ち込んでもよい(ただし試験時間は学習書を利用する時間を考慮して通常の2倍程度とします)という条件があったら、数学以外の4科目のうち、点数が高くなる科目の順はどうなるでしょう。

たいていは次のようになるのではないでしょうか。

①＝「社会」、②・③＝「英語」または「理科」、④＝「国語」

②と③が「英語」と「理科」のどちらになるのかは、人によって違うかもしれません。しかし、①の「社会」と、④の「国語」の順位は、ほとんどの人にとって不動ではないかと思われます。さらに、①②③と④とのあいだの点数の差はきわめて大きいのではないでしょうか。

具体的にいえば、「社会」は参考書を1冊持ち込めれば、ほとんど満点近くを取れて、英語も辞書を1冊、理科も参考書が1冊、座右にあれば、やはりかなりの高得点が見込めると思います。

一方、「国語」だけは、どんなに部厚い参考書や問題集、辞書などを、1冊どころか10冊持ち込めたところで、点数はそれほど変わらないでしょう。せいぜい漢字の読み書きが正確になって1割程度アップするのが関の山といったところではないでしょうか。

ここで、私が伝えたいのは、「社会」「英語」「理科」は数学と同様、「1冊徹底学習」によって、高得点を取れる科目だということです。

この3科目には、数学がきわめて得意になれるための重要な方法論のうちのひとつである「1冊徹底学習」が適用でき、なおかつ有効なのです。その意味で、それら3科目は学習法に関しては「数学の応用科目」といってよいでしょう。

(三)の条件に関しては、少々、説明が必要でしょう。

数学得意者は一般に、時間のかぎられた試験場で高得点を獲得するための「要領の良い対応」に関する感覚が発達しているものです（だから安定して高得点が取れるのです）。そのような能力も「数学脳」の重要な構成要素のひとつといっていいでしょう。それを他科目にも援用するわけです。

英語は典型的な「数学脳型学科」。数学の学習法が有効活用できる

「数学脳」つまり数学的学習法が最も重要的に関係する学科は「英語」です。どちらも「学習知識主体」という共通点があるからです。

さきに私は、「数学に関係する知識のほとんどは、日常生活をしていくうえで、ひとりでに覚えられる一般知識ではなく、学校などで特別に授業を受けたり、参考書で学習したりすることで得られる学習知識である」と述べました。

この学習知識主体という点で英語、とくに、受験レベルの英語は同様ですから、数学の学習法や対応法がそっくりそのまま使えます。またそれで充分なものでもあります（合格に必要な点数は確保できるということ）。

英語の学習法に関していえば、まず、

（一）「学習知識の下部的状況をきわめて密にすること」

で、具体的には、単語・熟語の量を多くすることです。さらに、

（二）「1冊徹底学習」

です。高校受験なら、文法・構文・英作文・英文解釈と、単語・熟語を除く英語関係の事項が1冊にまとまっている参考書を完璧に仕上げます。

大学受験なら、それら各項目についてそれぞれ1冊ずつ必要ですが、とにかく「1冊徹底学習」をします。加えて、みずからの〝英語環境〟や学力に応じた、

（三）「要領の良い対応」

をすればすみます。そのように、ある程度、学習法が確立しており、また、数学のように、中学数学の基盤がなければ高校レベルではトップクラスにはなかなか到達できないといった制約もなく、いつから始めても、それなりの（費やした労力に、ある程度、比例した）学習効果が安定して見込めるという意味で、英語ほどやりやすい学科はない、といってよいでしょう。

「社会が文系科目」とは誰が言った？地理も歴史も数学の学習法で8割は得点できる

「社会」についての学習法や対応法は、単純すぎて、あまり書くことがありません。

すでに述べた「学習における数学脳タイプ」の3条件のうちのひとつである（二）「1冊徹底学習」で万事完了ですから、ほかに書くことなど、とくにないのです。

ただし、その1冊が重要です。

「薄っぺらな問題集」でも、「1問1答形式の重要事項を羅列しただけのもの」でもいけません。

歴史事項関係だったら、その背景や周辺的状況まで詳しく解説した、ある程度のボリュームがある参考書でなければなりません。

高校受験なら歴史・地理・公民が1冊にまとまっているものを、大学受験なら、それぞれの分野別に1冊ずつ必要ですが、ともかく、それに載っている事項をすべて覚えさえすれば、それで高校受験で9割以上、大学受験でも8割は確実に得点できます。

もちろん、実際の学習法も、数学の学習法を踏襲することです。ただし、数学と、ほかの科目とで、学習法として異なるのは「書いて覚えること」です。

「書く」の反対は「読む」ですが、数学では読んで覚えられることなどほとんどありません。

たとえば、「因数分解とは、与えられた式を共通する数、または文字や式によってくくることである」というような解説を、いくらていねいに読んだところで、これだけでは、何のことかわかりません。実際に自分で数式を紙に書いて問題を解いて試してみたりして初めてわかるように、数学の学習は、徹頭徹尾「書き主体」といってよいものです。

「社会」にもそれを適用することです。参考書を読み、要点をノートに書き写す。重要事項については、自分なりにまとめてやはり概略的に書く。ノートを左から5分の1ほどに区切り、左の部分に見出し、右の部分にその解説や概略的説明を書くといった方式が使いやすく、また、覚えやすいでしょう。

そのような「書き主体学習」の最大の利点は、知識の覚えが確実になることです。

正確に数値によって表すのは難しいのですが、「読み主体学習」での「覚え」の数倍にもなるのではないでしょうか。つまり、学習における「数学脳タイプ」の、(二)「下部的状況が密になっていて、一度覚えたことは忘れにくい」という条件が満たされることになるということです。

それにより、数学と同様、「漸減《ざんげん》の法則」が使えます。ある事項を覚える際に、2回目の学習では1回目よりも要する労力が少なくなり、3回目はさらに少なくなるというふうに、回を重ねるごとに学習に要する時間的・労力的エネルギーが激減的に少なくなるというようなことです。

●社会科の学習知識は普遍的

学習科目はたいていそうですが、数学と社会は、とくにそれが通用します。中学でも高校でも（小学校でも）、関係する知識類は共通しているためです。

小学算数で覚えた大きい数の約数に関する操作能力は、高校数学の因数分解にも役に立つのと同様、たとえば中学社会で学んだ大坂の陣に関する年号、つまり、「冬の陣は1614年で、夏の陣はその翌年であった」、というような知識は、高校日本史においても共通です。

「書き主体学習」の最大の欠点は、時間がかかることですが、それも「漸減の法則」により、実際にやってみれば、とくに2回目、3回目となれば、「読み主体」と、それほど違わなかったりするものです。それに、なんといっても、読み主体よりはるかに覚えが正確になり、したがってさらに高得点が見込めるという利点があります。

ともかく、社会では数学の学習法がそっくりそのまま使えます。しかも、かなり有効です。その意味では、「社会」は完全に「数学型学科」といってよいのではないでしょうか。

●なぜ日本人からノーベル経済学賞が出ないのか

ところで、わが国の多くの大学では、経済学部を文系学部に所属させています。経済学を社会科学として位置づけているために、そのようになるのですが、そもそも経済学は、最先端的部門のほとんどは数学理論を援用しての〝応用的数学〟といっていいようなものです。

少々、余談になりますが、ノーベル賞6部門（物理学、化学、医学・生理学、文学、経済学、平和）のなかで、わが国で受賞者が出ていないのは経済学部門だけです。

これまでのところ、受賞者だけでなく、ノーベル経済学賞の「候補」になった人も、いないようです。

経済学部を文系に所属させているかぎり、わが国から経済学部門でのノーベル賞受賞者は、永遠に出ないのではないかと、私個人は考えていますがどうでしょうか。

本項のまとめ

①社会は学習法的にいえば、完全に“数学脳”型学科。理由は主として次の２点。

(一) 数学と同様、参考書類の１冊徹底学習で高得点がとれる。

(二) その際は（数学と同様）書き主体学習にすることが重要。

②したがって数学得意者は一般に、その学習法を援用して、社会も得意になれる。

中学までの理科と高校からの理科。同じ理科でも「まったく別の科目」

理科の学習にももちろん、「数学脳のための3条件」のすべてが適用できます。その意味では一般にいわれているように、〝理科は数学の親戚的科目〟と考えてよいでしょうが、厳密には科目によって、または学年によって〝親戚度〟が違います。

具体的学習法としては、次のような違いがあります。

中学理科……「社会」と同様、全学習事項が1冊にまとまっている部厚い参考書を用意し、それを「社会」と同様の方法で、つまり「書き主体学習」によって、「1冊徹底学習」をする。

高校理科……学科によって対応方法が違う。「化学」は「参考書の1冊徹底学習」でよいが、「物理」はそれでは済まない。ほかに「解説書」のようなものも必要である。「生物」と「地学」はその中間。

中学までの「理科」は、自然物や具体的事物をあるがままの状態で観察、もしくは考察することが学習の主たる目的です。それに対して、高校の「理科」は具体物をそのままのかたちではなく、その属性の一部などを抽象して操作することが主体になるからです。

その意味で中学までの理科は「社会」の一部(「社会科」とは人間におけるさまざまな営為を、原則としてそのままのかたちで観察、もしくは考察することであり、「理科」はその観察や考察の対象を自然的事物としたようなもの)といってよいでしょう。つまり、中学レベルの「理科」では、「社会」の学習法や対応法がそのまま使えて、なおかつ、それで充分なのです。

●一筋縄ではいかない「高校理科」

高校理科の場合は、ハードルが高くなります。とくに「物理」は、そう簡単に学習できるものではありません。「数学」と同様、抽象性が高くなりますから、数学と同じような対応を要求されます。

具体的事例をあげてみましょう。

私が、医歯系大受験専門予備校の教師をしておりました頃、医歯系大学受験生は将来の職業に関係が深いということもあり、たいてい化学と生物を選択します。物理はごく少なく、地学を選択する生徒はまずおりません(私立医歯大では試験科目に地学はない)。その3科目(物理・化学・生物)のうち、化学はある程度、学習した努力に見合っただけの成果が得られます。試験では学習した時間に比例した得点がだいたい取れるということです。

ところが生物はそうはいきません。ある時点から、得点の伸びがバッタリと止まってしまいます。その「ある時点」とは得点にして6割程度です。そこまでは、たいていの受験生がいけますが、それからは、なかなか伸びません。

医歯大、とくに医大は理科が6割では合格できません。少なくとも8割は必要です。その差を埋めるのに、ほとんどの受験生は苦労します。そんな生徒にはこのようにアドバイスしていたものです。

「高校理科は中学までの理科とは違う。とくに大学受験レベルはそうだ。中学までの理科のように、単なる自然観察ではない。具体的事物をそのままではなく、それについて数式などを用いて抽象的に操作をしたりして、別の角度から考察したりする。

たとえば『遺伝』などは理科というよりは、「数学」に近い。数学を学習するときと同様、基本問題から中間レベル問題、さらにハイレベル問題と少しずつ問題の難易度をあげて、じっくり取り組むことだ」

本項のまとめ

①中学理科は社会科の一部のようなものだから、社会と同様の学習法でよい。

②高校理科は、とくに受験レベルになると、数学の一部のようになる。したがって数学と同様の学習法、つまり、学習する問題を、基本レベル、中間レベル、応用レベルと3段階くらいに分け、徐々に難易度を上げていくといった対応が必要。

国語科目でありながら驚くことに古文・漢文も「数学の応用科目」

古文も漢文も「数学の応用的科目である」というと、意外に思う人が少なくないかもしれません。しかし、国語の科目のうち、古文と漢文は数学の学習法・対応法がそっくりそのまま使えるだけでなく、それだけでも充分です。実際、数学が得意な生徒はその学習法を援用して、古文・漢文も相当程度「できる」ものにしています。キーワードは「学習科目」です。

数学と古文・漢文には共通的事項があります。どちらも、ふだん生活しているうちに自然に覚えられる一般知識主体ではなく、学校などで特別に学習することによらなければ得られない「学習知識主体」であるということです。したがって、その学習知識をうまく操作することに長《た》けた「数学脳的学習法」が、そっくりそのまま使えるというわけです。

具体的にはまず、（一）の「学習知識の下部的状況を密にすること」で、古文・漢文の基本的単語や漢語（四字熟語など）を、古文単語集や漢文単語集などで覚えます。

さらに、（二）「1冊徹底学習」です。古文と漢文の参考書を1冊、社会などと同様に何度か繰り返し、「暗記的学習」をするのです。古文はある程度、ボリュームのある参考書が必要ですが、漢文はそれほどページ数が多くなくてもよいでしょう。古文用参考書の3分の1程度の厚さでちょうどよいくらいです（漢文は本格的な参考書は程度が高すぎて、つまり現代っ子にはレベルが高すぎて「1冊徹底学習」には骨が折れる。また、それほど苦労した割に、学習効果もあまりない）。ただ、国語は「ことば」ですから、当時（昔）の人の感覚や基本的なものの考え方といったものを、ある程度は知っておく必要があります。そのためには、知っておくべき事項が飛び飛び程度にしか載っていない参考書だけでは不充分です。

同じ「1冊徹底学習」でも、各時代を代表する古典の全文を通して読むことが最も効果的で、たとえば『徒然草』『方丈記』などです。それらの現代語訳がついている対訳ものでいいので（対訳がついていないと難しすぎて、ほとんどわからない）、とにかく全文を読むことです。3冊ほど「原典学習」をすれば、当時の人の感覚というふうなものも、かなりわかってきます。また、古文単語を実際の文章の中でふれることによってその覚えが、より確実になり、また微妙なニュアンスに対する理解の助けにもなります（原典学習については第5章でも述べます）。

数学非得意者のための東大文系学部「裏ワザ的突破法」

数学不得意者はもちろんのこと、偏差値にして50そこそこの非得意者では、東大は文系学部でも合格は難しいものです、しかし、まったく不可能というわけではありません。ある種の「裏ワザ」を使えば、かなり高い確率で合格が可能です。ただし、数学以外の科目がすべて合格レベル以上の得点が見込めるという条件がつきますが、実際、私は、その方法によって、ある数学非得意者を東大文Ⅲ合格に至らしめたことがあります。

●文系希望者を理系クラスで特訓

ミッション系大学付属校出身で東大文Ⅲ志望のIさん（女子）が、私の勤め先であった医歯大受験専門予備校に来たのは、彼女の浪人が決まった春休み中のことでした。

その予備校は、理系の受験生がほとんどで、文系志望者はあまりいないのですが、彼女の従兄弟を何年か前に私が教えたことがあり（彼は、ある私立医大に合格）、その縁で来たらしいのです。

面接のとき、いきなりこんな会話が交わされました。

Iさん「数学が苦手でどうにもなりません。東大入試で半分とは言いません。せめて30点（東大文系数学は80点満点）でも取れれば、ほかの科目は自信があるので、何とかなるのですが……」。

私「数学の偏差値はどれくらいなのかな？」

Iさん「50前後、55を越したことは一度もありません」

私「それくらいだったら、本番（東大入試）では10点もいかなかったろうな」

Iさん「絶対にひとけたです。零点だったのかもしれません」
私「でも、偏差値が一応50もいったら、本番で30点くらいなら取れる方法はあるぞ」
Iさん「それを教えてください。どんな方法でも先生のご指示に従います」
私「30点でいいんだな。半分以上は絶対に取れないぞ」
Iさん「それで充分です。あとは他科目で稼ぎます」

そう答えながら、眼を輝かせていました。
そこで私が示した方針は、次のようなものでした。

（一）夏休み明けまではとにかく基礎固めに徹底する。具体的には、学校の授業で副教材として使っていた傍用問題集2冊（「数Ⅰ・A」と「数Ⅱ・B」）を何回か繰り返し、その全問が、それほど時間をかけなくても解けるようになる。参考書は傍用問題集で解けない問題やわかりにくい事項に出合ったとき、辞書代わりに調べるとき以外には使わない。
（二）夏休み以降は参考書主体。ただし数Aは捨てる。

（一）はセンター試験対策です。偏差値50程度では、センター数学では半分くらいしか解けず、二次試験に進めなかったりします。傍用問題集が万全になれば、偏差値は最低でも55は突破でき、センターでも7割程度の得点は見込めるからです。

（二）が数学非得意者向けの「裏ワザ」です。東大文系数学は全部で4題出題され、そのうち3題は数Ⅰ、数Ⅱ・Bの、専門用語でいえば「連続系数学」の分野から、残り1題が数Aの、場合の数、順列・組み合わせ、確率といった、「離散系数学」の分野からの出題です。

難易度は、連続系の場合、図表5（51ページ）で示したレベルでいえば、だいたい[7]と[8]、離散系のものは[9]レベルです。配点率は[7]と[9]が30パーセント、[8]が40パーセントくらいです。

一般の参考書類に載っている問題の最高難度はだいたい[7]程度ですから、参考書の該当範囲の全問が解けたら、本番で[7]は確実に解け、東大文系数学は試験時間は１００分と考慮する時間はたっぷりあるので、[8]も完答とまではいかないまでも、かなりの程度まで「解きほぐせる」ものですから、それだけで5割前後の得点は見込めるのです。

また、数Aを捨てるのは、学習の効率という観点からです。

数Aは別名を離散系（個々バラバラ的）数学とも言われるように、互いに関連性のあまりない項目が多く、学習に時間がかかります。さらに、よほど時間と労力をかけてがんばっても、センター試験程度の易問なら何とかなりますが、東大のハイレベル問題に太刀打ちできるまでには、なかなかなれないものです。それならば、初めから捨ててしまい、そのぶん、ほかの点数が取りやすい連続系の課題に集中したほうが、より効率的ということです。

まず、以上のような大ざっぱな方針を示し、私が担当する医歯大受験の基礎クラスに所属させ、解けない問題やわからない事項があったときは特別に教えたりして（少人数のクラスだったので、彼女だけでなく、ほかの生徒にもそのようなことができた）、とにかく1年間、（一）（二）のとおりに学習をすすめていきました。

●数学Aを捨てて東大文Ⅲに合格

結果を言うと、その作戦は成功し、彼女は一浪で東大文Ⅲに合格できました。

本番で、数学は数A（確率）の問題には見向きもせず、残り3題中1題は完答、1題は半分くらい解け、残りの1題も何とか手をつけられ、「全体として半分近く、30点以上はまちがいなく取れたはず」と言っていました。

もちろん、その成功（合格）には、数学学習を以上のように効率化したことにより、効率化できなかった場合に数学に費やさなければならなかったはずの時間的・労力的エネルギーをほかの科目に充てられたため、他科目の学力も現役時より相当程度アップできたということもあったのでしょう。

その年の暮れ、彼女がふらっと予備校に来たことがありました。

「東大は般教（一般教養課程、1年、2年のこと）のうちは文系でも数学が必修だろ。どうし

ている」ときいたところ、

「大学の数学の授業は難しすぎてほとんどわかりません。でも、試験では数学の得意な友だちにヤマをかけてもらい、前期は良をとれました」と言っていました。

大学レベルの数学の程度は高いのですが、文系の数学は学習する事項が決まりきっています。数学が得意であれば試験ではヤマをかけることができ、さらに、そのヤマのほとんどは当たるものです。

ついでに、「前期が良だったら、単位のほうは心配ないな」と言うと、

「そのつもりで後期の数学の授業には、まだ1回も出ておりません」と、首をすくめていました。

東大の成績評価のシステムは「優・良・可・不可」の4段階で、「可」以上が及第です。また、単位が取れるか、取れないかは、前後期総合して決まりますので、前期が「良」だったら後期は「不可」でも単位はまず取れます。

私などはそのシステムを利用……というよりは悪用し、前期が「良」以上だった科目の後期は、かなり手抜きしていたことを、本稿を書きながら思い出しております。

本章のまとめ

①学習のタイプを「数学脳型」にすることができれば、数学だけでなく全科目できるようになれる。

②「数学脳」とは、次の３条件が満たされていることを意味する。

(一) 基礎的知識類の量が充分で、それらをほとんどスラスラと操作できる。

(二) 使用する学習書の「１冊徹底学習」ができる。

(三) 試験で効率的に合格点を獲得するための「要領の良い」対応ができる。

③以上のうち、とくに(一)(二)が重要。高校数学について具体的にいえば、「使用する参考書類の全問がそれほど時間をかけなくても解ける」ようになること。

コラム

子どもの可能性は無限大②

■天才児の秘密

数学の世界では時折、天才的少年（少女）が話題になります。最近でも小学1年生の児童が高校2年レベルの数検テストに合格し、話題になりました。

数学で天才児が出現する理由は、大きく分けて、二つあります。

ひとつは「非経験」です。数学では基本的に非経験的事象を考察の主たる対象としますので、学ぶにあたって「経験」をそれほど必要としません。人生経験や社会生活的経験などが少ない子どもでも、修得（といっても、幼児が大人から聞かされた言葉をそのまま覚えるように、数学の用語、定義や定理、課題の処理法などを単に暗記し、それを利用して、せいぜい1、2レベルの問題を解くこと（数検テストのほとんどの問題は、その程度の難易度）にすぎない）が可能なのです。

加えて、関係する情報量が文系科目にくらべて、はるかに少ないという、数学特有の事情もあります。正確な数値で表すことは難しいのですが、数学では必要とする情報の量は国語の10分の1以下、もしかすると数十分の一以下でしかないのかもしれません。

というわけで、教科書の基本レベル程度でしたら、小学2年生か3年生でも、中学・高校数学の全課程を修了することは、それほどの難事でもないのです。

これで「天才児」の秘密が明らかになったと思います。彼らはなにも特別に優れた才能があって、もしくは頭脳がとりわけ良くてそのようになれたわけではありません（もちろん悪いわけではないでしょうが）。

子どもはよく、何か特定の事象に熱中したりします。昆虫や電車に夢中になり、カブト虫だったら学者顔負けの知識をもっていたり、日本国じゅうのありとあらゆる電車の型式を憶えたり……というようなことです。その熱中する対象がたまたま「数学」だっただけのことです。

■数学の世界に「天才児」は存在しない

したがって数学界では、そのように7歳か8歳で、大学レベルの数学にまで到達できたりする年少者を、天才などとは呼びません。そもそも「天才児」とはマスコミが勝手につけたキャッチフレーズで、数学の世界ではそうは言いません。単なる「早熟児」です。そのような「天才少年（少女）」が将来、数学の世界で大きな仕事ができるという保証はまったくないからです。

それは中学や高校までのいわゆる学習数学と、専門の数学者が対象とする本物（?）の数学との質的違いによります。

前者が対象とするのは、解けることがわかっており、解くための材料はすべて与えられており、解く方法にしても指定されているのに対して、後者のそれは、いまだかつて誰にも解かれたことがなく、したがって、どう解くのかはわからず、第一、解けるかどうかすらわかっていない未解決問題なのです。

山登りにたとえるなら学習数学とは、はっきりした登山道がついており、コースも整備されている日本の夏山に登る程度のものであるのに対して、数学者のそれはヒマラヤの未踏の高峰に挑むようなものなのです。

したがって、「天才児」が将来、偉大な数学者に成長できるかどうかが、わからないのは、夏期に日本百名山のすべてを誰かに連れていってもらって登れた子どもが（最近そんな小学生が現れて山の世界で話題になりました）、将来ヒマラヤの難峰に挑戦できる大登山家に成長できるかはわからないのと同じようなものです。

■勉強よりもスポーツや趣味に熱中させる

それは医大・東大入試にしても同様です。「コラム①」でもふれましたが、数学的能力とは知識的要素のほかに精神的要素もあり、数学のレベルが高くなればなるほど、後者の比重が高くなります。

誰にでも解ける[1]、[2]レベルの易問ではそれを測れません。易問ばかりいくら多く練習しても、その種の能力を養成することもできません。したがって、そのような早熟児が将来、医大・東大といった難関大学に簡単に合格できるとはかぎらないからです。

実際、小学生のうちに高校数学まで終了してしまった（もちろん教科書レベルですが）天才少年が、医大・東大の、とくに東大の超的難問には対応できず、途中で挫折して、結局、難関大学に入れなかったというケースは、数学の世界では珍しいことではありません。

というわけで、私個人としては、なまじ早熟させるより、つまり知識的要素ばかり突出させるより、数学的能力を形成するもうひとつの支柱ともいえる精神的要素の涵養《かんよう》のためにも、中3、高3の受験期以外はスポーツやクラブ活動、あるいは好きな趣味など、非勉強的行為に熱中したほうがむしろ有用ではないかと考えております。

第3章

国語秀才だったはずが哀しい末路を…

「国語力」の構造を分析するとどうなるか

数学秀才であれば、ほかの科目にもそれが波及し、同様に「できる」ようになることはおわかりいただけたと思います。では、国語秀才だったらどうでしょう。

そのことを云々する前に、ことわっておくことがあります。先に私は、「数学脳」について述べました。しかし、数学脳と同じようなかたちの「国語脳」は存在しないということです。

数学脳とは、「一般社会のそれとは異なっていたりする数学社会独自のルールなどを、すばやく適切に運用して問題を処理するためのノウハウ」のようなものです。国語での問題を処理するルールなどは、一般社会のものと完全に一致していますから、そのような意識改革的操作はそれほど必要としないのです。ただ「国語力」というようなものはあります。それは大学受験に関して具体的にいえば、「読む（読解力）」「書く（記述力）」「話す（会話力）」を受験向けに再編成させた、次のようなものになります（図表7）。

(1) 文章読解的能力

①語彙《ごい》力

②長文速読力

図表7　「国語力」の分析

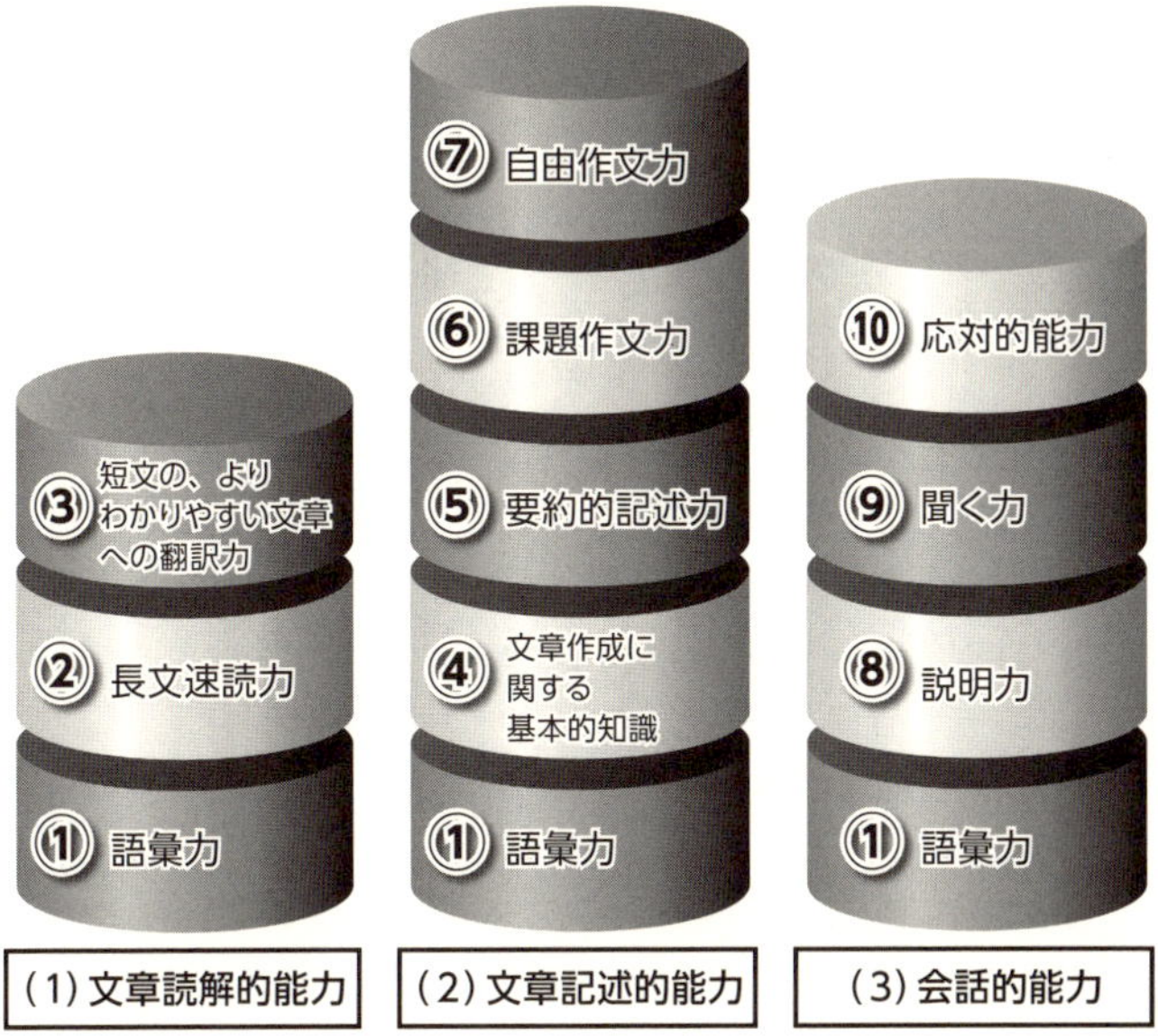

③短文の、よりわかりやすい文章への翻訳力

(2) 文章記述的能力

①語彙力
④文章作成に関する基本的知識
⑤要約的記述力
⑥課題作文力
⑦自由作文力

(3) 会話的能力

①語彙力
⑧説明力
⑨聞く力
⑩応対的能力

これらの各項目が具体的にどのようなことを意味するかというと、まず③は、難字や難解な表現をよりわかりやすい文意に翻案することです。記述式設問には、この種のものが少なくありません。⑤はそれの要約的記述力です。⑥はある一定のテーマに関し、みずからの意見を書かせることで、小論文がこれに該当します。⑦はさらに長文の自己推薦論文などのことです。④は、⑤⑥⑦のような文章を書く際のさまざまな作法、「文のはじめは一字分あける」「ひとつの区切り文の中に同じ語句は使わない」「文意を変えるときは行を変える」「ひとつの区切り文はできるだけ簡潔なものにし、原則として4行以上にはしない」といったものです。⑩は面接などの際、試験官の意向を察知して的確に応対する能力のことで、コミュニケーション力ともいいます。

●センター試験で必要される国語のチカラとは

これら①〜⑩の各項目のうち、どれが、どの程度、関与するかは、試験によって違います。たとえば2013年度のセンター試験国語（現代文）の第1問は、全文が4000字ほどの長文ですから、②がまず関与し、もちろん、それの素早い読解のためには①もまた、かなり重要です。さらに、難解的箇所を、よりわかりやすい表現に直した文をいくつかあげ、それらのうち、どれが最も適切であるかを選択させるタイプの設問もありましたから、③的能力も関係します。

もう1問ある現代文（現代文は2問あり、1問は評論的、もう1問は小説的課題）も、古文・漢文（それぞれ1題ずつ）も、同様の設問形式になっています。また、マークシートという設問の形式上、（2）の記述力も（3）の会話力も必要としませんから、①②③的能力だけで間に合います。

東大入試の国語問題になると、全問記述式の設問ですから、（1）の読解力のほかに、（2）の記述的能力も相当以上、重要的に関係します。古文・漢文も含めて、ほとんどは50～200字の字数制限のある文章を書き込む形式の設問ですから、①～⑤までの全項目が関係するといってよいでしょう。

また、地方国公立大（医）は一般に二次試験として（一次試験はペーパーテスト）面接が課せられますから、①～⑤のほかに（3）の会話的能力も関係し、私大（医）は国語のペーパーテストはないかわり、小論文と面接が必須ですから、（3）のほかに（2）の文章記述力も重要です。つまり、大学受験レベルの国語的能力は以上の10項目くらいにこまかく分けられ、それらのほとんどに関し、とくに（1）（2）において優れている者を「国語秀才」といってよいでしょう。

さらに、各項目の重要度は、①②が最重要で、それに次ぐのは⑤ではないかと思われます。その3項目が充分であれば、たいていの試験に成功的に対応できると考えられるからです。

数学の難問を解くために「国語力」は必要ない

先にあげた「国語力の10項目」が、実際に国語以外の学科を学習する際に、さらに試験で問題を解く際に、どの程度、関与するのかを考えてみましょう。最初は「数学」です。

はじめに結論を言っておきますと、数学に「国語力」などほとんどいりません。学習する際も、試験で問題を解くにあたってもそうです。そもそも、どんなハイレベルの数学書にでも、難しい漢字などほとんど使われていません。当用漢字以外の難字など、まずありませんから、読むだけなら中学生にでも読めるものです（もちろん内容を理解することは不可能でしょうが）。第1章でご紹介した「12歳でケンブリッジ大学の数学科を首席で卒業し、そのまま大学院に進み、15歳で博士課程も修了してしまった少女」がいるのも、数学書には難しい文字も難解な表現（国語的意味の）もないからです。

試験で問題を解く際にも、「国語力」は求められません。記述式設問といっても、国語的文章記述力は、ほとんど、というよりも、まったく関係ないものです。「文章のはじめは一字分あける」という、文章作成上の作法に従わないからといって減点はされません。

ひと区切りの文のなかで、同じ語句を何度使ったところで、採点官は（「へたな文章だな」とマユをしかめることはあっても）、それで不利益をこうむることはありません。解答と書こうが、解と書こうが、答えとしようが自由です。漢字を忘れたら、ひらがなで「こたえ」でもよいのです。私も予備校教師時代、「こたえ」としていた生徒に答案を返す際、「オマエは、『答え』くらい漢字で書けないのか」と言うことはあっても、それがもとで減点はしませんでした。

「国語力」では文章要約力、さらにその要約した内容の記述力が、かなり重要なウェートを占めているものですが、その種の能力も数学には、まったく関係しません。記述式設問といっても、「何行（もしくは何文字）以内にまとめよ」といった形式の設問など数学には絶対にありません。

3行で要領良くまとめようが、長々と10行も書こうがかまわないのです。

採点の対象となるのは、結果と途中経過の「正しさ」だけであって、その途中で、どのようなコースを通ったのか（途中のコース、つまり解法はハイレベル問題になればなるほど多い。十数通りもあったりする）などは、解答者の自由な意志にまかせられているのです。いや、ときには、記述式設問だからといって、文章など、まったく書かなくてもかまわないこともあります。そのことに関して東大数学関係者のあいだで、有名な話があります。

●「伝説」のような答案

ある年のこと、変わった答案が見つかりました。記述式の設問なのに、文章らしいものはほとんど書かれていないのです。

まず、図（グラフ）だけが大きく描かれ、それをもとにして計算したらしい文字や数字・数式があちらこちらに乱雑に記されているだけ。それらの式について、文章による説明などは何もありません。ただし、最後の答えは合っています。要するに、記述的解答文のなかから、数字・アルファベット文字・記号以外の一切を省略した答案だったのです。

採点官たちのあいだで、その答案をどう評価するかが、問題にされました。「たしかに、答えそのものは合っている。図も適切で、その図をもとにして計算したらしい形跡も乱雑ながら残っている。だからといって満点を与えるのも、ほかの、文章も適切に書いて正解に至っている答案との釣り合い上、どうか」という見方も成り立つからです。

結局、その答案は満点になったといいます。記述式設問といっても、問題文の中に（文章的に）書けという制約などをしているわけではありません。単に「解け」とあるだけです。そして、その答案は、それが満たされている、つまり「解けている」以上、その解決に至った方法や形式を云々するべきではない、というような意見が大勢を占めたためらしいそうです。

本項のまとめ

①数学書には（国語的意味の）難字も難解な表現もない。また、解答を書く際も、記述的設問であっても文章の巧拙などは、まったく問題にされない。

②したがって、数学書を読んで学習する際も、試験で高得点を獲得するにあたっても、国語的能力は、まったくといってよいほど関係しない。

③以上は、後述する「理科」についても同様。

算数・数学同様、理科にも「国語力」はほとんど関係しない

理科にしても、国語力が求められないことは同様です。とくに大学受験レベルの理科の問題を解くにあたっては、「国語力」などほとんど関係しません。

たとえば、次にあげる2013年度のセンター試験「化学」の設問です。

この文章を理解する能力は「国語力」ではありません。

個々の単語そのものの意味、たとえば単体（単一元素のみで構成されている物質）、発生（新しく何かが生ずること）、生成（ある物質が別種のものに変わること）くらいなら、国語の語彙力（漢字力）があれば何とか見当くらいはつけられるでしょう。

しかし、それは、この問題を解決するにあたって必要とされる全要素のうちの、ほんの一部にすぎません。

残りの大部分は、亜鉛やアルミニウムは水酸化ナトリウム水溶液や希塩酸に溶けるかというような「化学的知識」です。しかも、そういった「化学力」に、ほんの少しでもあやしいところがあると、正解にはならないようになっています。

つまり、この問題が、解けるか、解けないかは「化学力」によってほとんどが決定され、ほ

設問　亜鉛またはアルミニウムのどちらか一方にのみ当てはまる記述を、次の①～④の中から選べ。

①単体は水酸化ナトリウム水溶液と希塩酸のどちらにも溶ける。

②単体を空気中で強熱すると、酸化物が発生する。

③単体が高温の水蒸気と反応すると、水素が発生する。

④陰イオンを含む水溶液にアンモニア水を加えていくと、白い沈殿が生じるが、さらに加えていくとその沈殿が溶ける。

（正解は④）

かの要素が介在する余地など、ごくごく少ないものです。

そもそも、大学受験レベルの（高校受験でも）理科の問題とは、あくまでも理科的能力の程を見るためのものです。ほかの能力、国語的語彙力や読解力によって得点が左右されるような出題など、するはずはないのです（そんな出題などしたら、高校教師あたりから、たちどころにクレームがつけられ、大学の評判が落ちます）。

設問の文章にしても、最高的にわかりやすくしているものです。この問題にしても、答えがどうなるかはともかくとして、文章だけなら小学生にも読めて理解できるでしょう。

●記述式の東大入試の理科にしても国語力で解けるものではない

東大入試の理科なら記述式になりますが、それにしても数学と同様、国語的文章記述力が関与する度合いはごく少ないものです。誤字・脱字が少しくらいあっても、文章そのものが下手でも、数学と同じく、あくまでも解決に至る道筋が適切か、その解決が正しいかどうかだけが問われ、途中経過、つまり文章がどの程度整っているか、簡潔にまとめられているかなどについては、ほとんど問題にされません。

教科書や参考書などを読んで学習する場合も同様です。それらを読んで理解する力は国語的文章読解力ではありません。学習書にしても、とてもわかりやすい記述になっています。

理科という学科を学習するにあたり、さらに試験でそれら科目の問題を解くにあたって、関係する要素のほとんどは「理科的事項」です。

国語的能力の前記10項目に関して具体的にいえば、(3)の会話力は、まったく関係なく、(2)の文章記述力もほとんど関係なく、(1)のうちの一部、①の語彙力と②の長文読解力が、どちらもほんの少し関係する程度(教科書や参考書の解説文を読んで理解する際に)といってよいでしょう。その関係する割合を数値に示すなら、理科的能力全体のほんの数パーセント、数学的表現を用いるなら棄却域《ききゃくいき》(とくに問題にするほどでもないという意味)といってよいものと思われます。

じつは「社会」にしても見かけほど「国語力」は関係しない

社会科は国語と並んで、文系科目の代表といわれています。学習書にしても数学や理科のように、特殊な文字や記号・数式・用語などは、ほとんど使用されません。したがって、国語と同様、学習や問題解決の際は「国語力」が相当程度、重要に関係しているように見えます。

しかし、実際はそうでもないことは「理科」と似ています。たとえば「語彙力」です。国語力の基本は語彙力です。語彙が豊富であれば、さまざまな表現が可能になり、また、そのようなさまざまな表現形式の文章を読解する際にも有益的に作用します。というわけで、国語力を構成する前記10項目のうち、最重要事項は語彙力といってよいでしょう。

ところが、その語彙力の豊富さなどは「社会科」という学科には、それほど重要的に関係しません。一例をあげると2013年度センター試験「日本史」で出題された次の設問です。

この問題を解くにあたってポイントになる語句は三つあります。

そのうちのひとつである「七道」は、文章Yで東海道と東山道が出ていることから、ほかの山陽道や奥州街道などと並んで、当時の（現代も）代表的交通路を意味することは、とくに日本史の教科書を精読していなくてもわかるでしょう（「七道」全部は言えなくても）。

もうひとつの「行政区画」の意味も、一般知識でだいたいの見当はつけられます。

主要な街道は一般に平野部を通り、信濃の国、相模の国といった行政区画はたいてい大きな山脈や河川を境界としていることは、やはり常識（一般知識）のようなものですから、文Xが「誤」であることは、社会科的能力がそれほどなくても判定できます。
問題は、残るひとつの「駅家（高校日本史的には『うまや』と読むらしい）」ですが、それだけは一般用語ではありませんから、具体的にどのようなものを意味するのかは、常識（国語力）ではわかりません。

設問　次の二つの文章X、Yについて、正誤を判定せよ（一部改題）。
X（中世において）中央と地方を結ぶ七道は、行政区画の名称でもあった。
Y（Xに関し）東海道や東山道など幹線道路には、一定の間隔ごとに駅家がおかれた。
（答えは、Xは誤で、Yは正）

日本史の教科書にある説明、つまり「馬や人夫などが常駐している官制の宿舎」という正確な意味と、「それらは実際に主な街道には置かれていた」ことを知っていなければ、この問題は解けません。そして、そういった正確な説明は、どんな教科書や参考書にも載っているものです。また、その説明の際も、「前の文には駅家としたが、（国語のように文章のうるおいを考えて）次は宿舎や宿場とする」といったようなことはしません。一度、駅家としたら、最後まで駅家です。

要するに、社会の文章では、国語のように語彙の豊富さなどそれほど必要ないのです。何よりも優先されるのは、語句の正確さであり、国語的修辞法などは関係ありません。その意味では社会の文章は数学のそれに似ているといってよいでしょう。

社会では数学と同様「1冊徹底学習」で用が足り、またそれによって試験で高得点が取れる理由も、このあたりにあるというわけです。

●記述式問題でも社会で国語力は問われない

記述式、あるいは論述式設問にしても、事情はそれほど変わりません。たとえば、次ページにあげる東大「世界史」（2013年度）の設問です。

1行につき30字くらい書けますから、全体として600字程度の、記述式というよりは論述式（東大受験生のあいだでは「大論述」と呼ばれている）設問です。

ほかの東大世界史の問題は、200字程度の中論述問題や、50字程度の記述式設問など、全問が文章にして書き込む解答方式です（日本史・地理もだいたい同じような方式。ただし、それらは世界史のような大論述的課題はなかったりする）。大学入試レベルとしては最高的難問といっていいでしょう。ただし、そのようなハイレベル問題といっても、各々の指定された語句、たとえばクリミア戦争についていえば、

設問

19 世紀のユーラシア大陸の歴史を通じて、ロシアの動向は重要な鍵を握っていた。ロシアは不凍港の獲得などを目指して、隣接するさまざまな地域に勢力を拡大しようと試みた（略）。

以上のことを踏まえて、ウィーン会議から 19 世紀末までの時期、ロシアの対外政策がユーラシア各地の国際情勢にもたらした変化について、西欧列強の対応にも注意しながら、論じなさい。解答は、解答欄に 20 行以内で記述し、必ず次の8つの語句を一度は用いて、その語句に下線を付しなさい。

アフガニスタン　イリ地方　沿海州　クリミア戦争
トルコマンチャーイ条約　ベルリン会議（1878 年）
ポーランド　旅順

「1853年、当時、トルコ領だった黒海に突き出たクリミア半島にロシアが侵攻したことで起こった戦争。トルコに英・仏が加担して勝利をおさめ、以後ロシア帝国の西方における南下政策は頓挫し、その鋭鋒を東方に転じたため、わが国との日露戦争にも至った」

という、指定された個々の歴史事項に対する理解が充分で、さらに、それら各事項間の時系列的流れがつかめてさえいれば、そのことを単に記述するだけで400字くらいになりますから、国語的記述力など、それほど必要ないのです。

そもそもクリミア戦争に関する前記説明にしても、「加担」などという表現を使わず、単に「加わって」でも、もっと卑俗的に「味方して」でもかまわないのです。要は、英仏土（トルコ）3国が協力してロシア帝国の南下を阻止したことがわかるような文章にすればいいのであって、それ以外の修飾的字句など、つまり国語的語彙力や記述力などは、それほど重要ではないということです。

本項のまとめ

①社会にも、国語的能力はほとんど関係しない。理由は主として次の2点。

(一) 社会で用いられる用語などのほとんどは一義的解釈で済み、またそのような対応法が、より有効的。

(二) 記述式設問といっても、文章の巧拙などはほとんど問題にされず、問われるのはただ（書いた）内容の正確さだけ。

②以上により、文章表現の際の技巧にこだわりがちの“国語秀才”ほど、受験レベルの社会には苦戦したりする。

英語・小論文で国語のような多種多様の表現はいらない

英語と小論文については、次のようなことが、よくいわれています。

(一)「英語・小論文の基盤は国語である」。したがって、(二)「英語力・小論文力は国語力以上にはまずならない」。

たしかにそうかもしれません。英語についていえば、外国のことばをまず日本語に翻訳し、日本語を介在させて、いわば隔靴掻痒《かっかそうよう》的もしくは間接的に学習します。隔靴掻痒や間接は、直接(日本語力)より以上にならないことは、理の当然です。

小論文力についても同様で、それは国語力のうちのごく一部分にすぎない記述的能力のうちの、さらに一部分の現代文に関するその種の能力が主として関係するだけです。一部分は全体に及ばないことは小学生にでもわかる理屈です。ただし、それは一般の国語力、英語力、小論文力に関していえることです。受験に関しては必ずしもこのようにはなりません。とくに(二)はあてはまらなかったりします。国語の特質といえる「多種多様性」が受験英語や受験小論文にはそれほどプラスにはならないどころか、ときにはマイナス的に作用したりするからです。

たとえば「ｈｏｐ」という英単語があります。

これには辞書的にいえば、①「跳ぶ、飛ぶ、踊るといった、ある地平から離れて上方にすばやく移動する」と、②「ビールの味が『苦い』といった、なにかが通常的でない」と、③「コカインなど麻薬を意味するスラング」の、3種類の用法があります。このうち、③はまず、受験には絶対に関係しません。hopを〝麻薬〟という意味に用いて解釈させる英文読解の問題を出題する学校など、おそらく日本じゅうにひとつもないでしょう。

②の「苦い」も、たぶんないでしょう（日本じゅうのすべての大学・高校入試問題を調べたわけではありませんが）。つまりhopについては①だけ覚えていればよいのです。さらに英文和訳の問題では、飛行機が「hopする」を、「飛ぶ」ではなく、「跳ぶ」としても、おそらく減点はされないでしょう。

漢字が書けなかったら、もしくは、二つのうちのどちらが、より適切かわからなかったら、かなで「とぶ」と書いたところでかまわないはずです。要するに一般社会ではともかくとして、受験社会では「hopは、飛ぶ（または跳ぶ）」の、たったひとつの意味だけ覚えていれば用は足りるのです。

●英作文と国語力は、ほとんど無関係

英作文についても同様です。「麻薬」などという反社会的な語句が関係する英作文の問題は、高校や大学の入試には絶対に出ません。「ビールの味が苦すぎる」を英作文せよというような課題も、一般社会ではありふれていますが、主として未成年者を対象とする入試にはまず出題

されないでしょう。

というわけで、英作文においても単語の意味は、もちろん熟語も、1種類だけ覚えていれば、だいたいの用は足りるのです（受験生時代の私は、そのように英単語は1個につき1種類しか覚えなかったような気がします。辞書や英単語集にはたいてい数種類載っているものですが……。ただ、以上のような考えのもとにそう対応したのかは忘れました。おそらくは、1万語も暗記したから、単に1個の単語につき、2種類も3種類も覚えるヒマがなかったためだったのかもしれません。ただ、結果的にそれでうまくいったことは確かです）。

国語的能力の基盤は「表現の多種多様性」です。

現実世界におけるさまざまな事象に関し、それぞれの状況に応じて各種各様の表現ができることが、国語力の基盤的状況を形成しています。

ところが、そのような「多種多様性」が、以上のように受験英語にはそれほどプラス的には作用しません。昨今の「量主体」の試験では、とくにそうです。

東大英語など、リスニングも合わせると教科書の20ページ分くらいの英文を、120分でこなさなければなりません。ひとつの単語につき1種類の解釈だけで済ませ、つまり「一種一様的に」対応しなければ間に合いません。

出題する側もそれを見越して、単語は代表的な1種類の意味さえ知っていれば用が足りるような課題しか出さないものです。

●小論文で問われるのは国語力ではない

国語力が、それほど必要でないことは「小論文」についても同様です。受験レベルの小論文に関して、「小論文の練習は3か月でよい」「それ以上の練習はあまりタメにならない」という二つの格言があります。

私は長年、医歯大受験専門予備校の教師をしてきました。私立医歯大入試では一般に二次試験として小論文が課せられます。一次試験のペーパーテストでは英・数・理の3科目で、国語はありません。そのかわりに小論文を書かせて国語力をみるのですが、その際、現役時のほうが（現役生はだいたい小論文の練習は高3の冬あたりから始めます）、浪人して1年間通して練習したときより、成績が良かったりするのです。

小論文の学習は「文章作成における基本的作法の練習」から始まります。それにある程度、慣れ、その作法にしたがって「一種一様的な」文章を書けるようになるまで、3か月ほどかかります。

ところがそれを過ぎると、一種一様さが物足りなくなりがちです。凝ったうまい文章などと〝欲〟が出たりするわけで、「多種多様」に眼が行ったりするものです。しかし、結果として素直な文章にはならなかったりして、また時間が足りずに尻つぼみ的なものになったりして、点数的には〝3か月学習〟より落ち気味になってしまいます。

それはもちろん、長期的に見れば飛躍のための一時的停滞といってよいものですが、ともかく、一般社会における国語力を形成する最も重要な要素である〝多種多様性〟は、じっくり考えて書くヒマなどない受験に関してはそれほど有用的でないことは確かです。

なぜ国語秀才では東大の文Ⅲにも入れないのか

これまで述べてきたように「国語力」は、ほかの科目にそれほどプラス的には波及しません。よほどの「国語秀才」でも、とくに試験科目の多い難関国公立大には入れなかったりします。その実例を示してみましょう。じつは、筆者の知人の娘さんの例です。

彼女は、まさに「国語秀才」でした。国語の偏差値は最高レベルの75だったとしましょう。ただし、数学はそれよりかなり落ちて55としておきます。文系の生徒に、よくあるケースです。

先に述べたように、国語秀才は一般に「現実的世界」に対する興味や関心が高くなっています。しかし、「非現実的事象」が多くなる高校数学にはうまく適応できなかったりして、高校入学時は一応のレベルであっても、大学受験時には、その程度の偏差値になってしまうものです。そのような国語秀才が東大文Ⅲを受けたとして、どの程度の合格可能性があるか、試算してみましょう。

まずセンター試験です。国公立大文系の配点は英・数・国・社（2科目）それぞれ200点満点、理（1科目）100点満点で、合わせて900点です。

東大はセンターである程度の点数を取らなければ、〝足切り〟といって、二次試験を受けられません。その足切り点は年によって違いますが（志願倍率によって左右される）、文Ⅲの場合、過去5年間の最高は、2011年度の753点ですから、確実に突破するためには760点以上を獲得する必要があります。

国語の偏差値が75あれば、センター国語では満点近く、190点は見込めます。英語もそれに準じて9割の180点。社会は少々落ちて170点としておきます（実際、社会は国語力とそれほどは連動せず、むしろ数学力と関連する学科であることは、先に述べました）。その時点で540点ですから、あと220点足りません。

残りの数学と理科とで、7割少々を獲得する必要がありますが、まず数学の偏差値が55では、センターでは6割かそこら、120点あたりがせいぜいでしょう。

残りの理科で、文系生は、たいてい生物を選択するものですが、高校生物は単なる暗記ものではありません。たとえば、遺伝のような「数学的思考処理」を要する分野もあります。文系生では7割どころか、やはり6割の60点程度がせいぜいなものです。

ここまでの得点を合計して720点。というわけで、その国語秀才は、センターであえなく「門前払い」ということになってしまうわけです。

ただし、センターの突破最低点は年によって違います。志願倍率が低い年は600点台だったりしますから、運良くセンターは突破でき、東大受験生のあいだでは「本番」といわれている二次試験に進めたとしましょう。

東大は、センター試験の点数を90分の11に圧縮し（900点満点が110点満点とされる）、それが、二次に臨むにあたっての「持ち点」になります。たとえば、センター試験での得点が720点なら、持ち点は88点です。

文系二次の配点は英・国・社（2科目）それぞれ120点ずつ、数学80点の、合わせて440点です。文Ⅲの合格点は一次と合わせて例年、345〜355点になります（過去5年間の最高は、2012年度の353点）。安定した合格圏は360点くらいということです。つまり、さきほど例としてあげた「国語秀才の受験生」は、二次で、あと272点程度の上積みが必要ですが、そう簡単ではありません。

●数学で得点できないと東大文Ⅲ合格は覚束ない

最大の難関はもちろん「数学」です。文系数学の難易度そのものは、理系より全体として1ランクは易しくなっています。図表5（51ページ）で示した⑩レベルの問題はまずありません。とはいっても、全問が⑦・⑧・⑨レベルです。つまり、たいていの参考書の最高難度の問題より、さらに1ランクは難しいのです。その難問を試験場で解くためには、参考書のほとんど全問をスラスラと解ける必要があることは先に述べました。

ところが、偏差値55くらいでは、その「全問をスラスラと」ができません。それがネックとなり、7レベル問がようやく半分ほどが解け、8・9レベル問題はちょっぴり手を着けられただけ、ということにもなりがちです。

文系数学の出題率は7・9レベル問題が、それぞれ30パーセントくらいずつ、8レベル問題は40パーセントほどですから、点数にして20点程度が上限です（数学の偏差値が55だったら、実際はそこまではいかず、ヒトケタの得点だったりします）。

仮に、よほどうまくいって、数学で20点くらい取れたとしても、残り文系3科目、360点満点中、7割の252点が必要ですが、それも、そう簡単でないことは、先にあげた世界史の大論述問題を見てもわかると思います。

ここで、読者に問いたいことがあります。

「あの問題を600字くらいに要領よくまとめ、20分以内に（社会では1問にかけられる時間はその程度）書ける自信があるか。さらに、7割以上の点数を獲得する自信があるか」と。

しかも文系3科目は、そのような字数制限のある論述式・記述式設問のオンパレードです。つまり、数学の偏差値が55程度だったら、国語がよほどできても東大文Ⅲにはまず入れないのです。それは文Ⅰ（法学部進学課程）、文Ⅱ（経済学部進学課程）についても同様です。

とくに東大の看板学部である文Ⅰは、二次の合格最低点が文Ⅲのそれより低くなることはまずないのですから（東大入試の全歴史において一度もないはず。文Ⅱだったら、ごく稀にある。

2013年度は文Ⅱの合格最低点が342点、文Ⅲは347点であった)。

さて、件《くだん》の彼女は小学校時代から国語力が抜群で、大学受験時も大手予備校の東大模試でも国語はランキング入りするほどでした。ただ、数学はそれにくらべるとかなり落ちて、前記したような数値でした。公立進学高から一浪して東大文Ⅲを目指しましたが、数学がネックになって、センター試験で「足切り」の憂き目に遭っています。やはり東大は、たとえ文系であっても「国語秀才」より「数学秀才」のほうが、はるかに入りやすいのです。

前章・本章で縷々《るる》述べてきたように、数学ができたら、全科目とは言わないまでも、国語の現代文以外のほとんどの科目にそれが波及し、同様にできるようになれるのに対し、国語力には、そのような波及効果があまり期待できないのですから。

かくして「国語秀才」はBランク私大以下の文系学部にしか進めない

最後に「国語秀才」の大学受験に関する進路について考えてみましょう。

前述したように、国語力は(1)「文章読解的能力」、(2)「文章記述的能力」、(3)「会話的能力」という、三つの要素によって構成されています。

まず(1)は、とくに優れているものの、ほかはそれほどでもないというタイプです。いわゆる「本好き・読書好き」です。このタイプは、見かけほど受験には強くありません。読書好きといっても、たいていは自分の好むジャンルのものばかりを、しかも乱読しているにすぎないからです。そして、その「好むもの」のほとんどが、おそらくは現代ものの小説やエッセーにかぎられ、評論文や古文・漢文ということにはなりません。

大学受験国語はその4分野からそれぞれ1題ずつの出題が標準です（センター試験も東大文系二次もそうなっています）。つまり本好きといっても、大学受験に関しては関係する分野の4分の1程度のものを、それもだいたいは低俗的な作品を、脈絡もなく、あさっているにすぎなかったりするものです。

それでも長文速読力や語彙力はありますから、偏差値が、国語は60程度、英語・社会は55程度を上まわり、Bランクは無理としても、Cランクの私大（もちろん文系学部）には何とか届きます。

次に（2）だけがきわめて得意のタイプです。このタイプも受験に強くないどころか、むしろ弱いと言ってよいでしょう。

文章記述力が抜群で、書くことが好きですから、「宿題は、きちんと仕上げてくる。中学あたりまでは教師の受けもよく、いわゆる『できる子』タイプで、読書感想文コンクールに入賞」したりします。ただ、文章を記述するには時間がかかります。精神の集中も必要です。というわけで、コンクールなどの入賞歴のある生徒ほど記述的作業に没頭し、ほかの科目の学習など、お留守になりがちです。

高校では数学や理科の時間は、内職的（?）に小説を書いていたりして、受験時は国語だけは偏差値にして60程度はいくでしょうが、ほかはおしなべて50以下。Cランクの私大に正規の筆記試験では無理で、たとえばコンクールなどの入賞歴により、推薦やAO入試で何とかすべり込めたりします。

しかし、その先が順調にはいきません。そうしたタイプのほとんどは、作家やエッセイストなどの著述業を目指したがるものですが、実際に、その夢がかなう人など、ほんのひとにぎりにすぎません。男性なら臨時の派遣業、女性なら主婦業のかたわら、「いつになっても出版される見込みもない小説もどき」などを書き続けていることになったりします。
（3）だけ、つまり「会話力が、とくに優れているだけ」というタイプは、最も始末が悪いでしょう。良く言えば「人好き・話好き・社交好き」ですが、悪く言えば単なる「遊び人」です。しかも、こういったタイプは、往々にして、一人でじっとしていることができません。出歩くことが好きで、家にいるときもＬＩＮＥなんかで必ず誰かとつながっていたりします。
そもそも**受験勉強とは、孤独な作業がほとんど**です。要するに、受験には最も向かないタイプです。Ｃランクどころか、Ｄ・Ｅランク、さらにそれ以下の、およそ関係者以外は聞いたことがないような私大文系学部に、推薦でようやくもぐり込めたりします（今は入学金さえ払えば学力に関係なく入れてくれる大学がいくらでもあります。数年前まで勤めていた予備校には、受験期になるとそういった、いわゆる「下流大学」の教職員が、試験の成績がどんなに悪くても、さらには、試験を受けるのが嫌なら推薦で入学させるから、とにかく生徒を寄こしてくれと、手土産を持って訪れていたものです)。

●国語力では世の中を生きていけない

（1）（2）（3）がすべて揃っていても、つまり真の意味の「国語秀才」だったとしても、その末路はそれほど順調ではありません。

国語秀才は、中学・高校時代であれば、リーダー的存在であることも少なくありません。一般の生徒にくらべ、教養はあり、文章記述力があり、弁も立つ。文芸部や新聞部の部長、生徒会の役員、もっと気の利いた人なら、生徒会長にもなったりします。成績もそれなりに良く、とくに文系科目は優れていることでしょう。ただし、数学はそれほどでもなく、偏差値にすれば「50前後」といったところです。

学校ではリーダーであったという自負もあり、その種のタイプは、「東大文Ⅲ」を目指したりするものですが、前述したように、なかなか思ったようにはいきません。1年や2年くらい浪人したところで、数学力はなかなか伸びてくれないからです。

結果的には、他人より何年か遅れてようやくBランク私大の文系学部入りになったりします。読者の周辺にもそのようなタイプは少なからずいるのではないでしょうか。

本章のまとめ

①国語力の根幹は、一般社会における多種多様的事態を各種各様的に表現できること。
②受験（とくに大学レベル）社会では、一種一様的表現でだいたいの用は足りる。
③時間の限られた試験場では、一種一様的対応のほうが、より有用だったりする。
④以上により、一般社会における国語的能力は、受験社会ではあまり役に立たず、それどころか、かえってマイナス的に作用したりする。
⑤実際「国語秀才」では、東大文系では最も易しい文Ⅲにも入れない。

第4章

「数学得意」になるための目からウロコ的学習法

算数の学力が「5段階評価の3」以上なら医大・東大の可能性あり

小中学生の子どもをもつ親とすれば、あるいは学校や学習塾の先生にしても、東大や医大に進ませるためには、「小学校6年生の時点で、どの程度の算数の学力が必要なのか」が気になる方もいらっしゃるでしょう。

結論からいえば、算数の成績が、5段階評価の5でなくても、じつは心配ありません。

その根拠となるデータが図表8です。

このデータは、私が医歯大受験専門予備校教師時代に教えた生徒の小6時の算数の学力（通知表における評価、ほとんどは公立小学校）と、合格した大学名（医大・医学部、東大だけ、複数合格者も含む）を記したものです。

もちろん、教え子たちに接した期間は長くて3年か4年、短い人は1年程度ですから、学校の成績についてまで、ことこまかに調査したわけではありません。したがって、図表8に示した「小6時の通知表の評価（算数）」の多くは推測です（何人かは実際に確認したことはあります）。

しかし、囲碁の高段者はどんな初対面者であっても、一手でも打ってみれば相手の棋力がわかり、一局、相手をすれば、それまでどのような修業・訓練をしてきたかも正確に判定できるといわれています。

私は算数・数学の教師を、学生時代の家庭教師経験も含めると半世紀近くしてきました。囲碁でいえばタイトル獲得者とまではいかないのかもしれませんが、高段者くらいには相当すると思います。つまり、小学生でも中・高生でも浪人生でも、1題でも解かせてみれば学力はほぼ正確にわかり、1度でも試験をしてみれば、それまでどのような算数（数学）人生を歩んできたのかが、たいていわかりますから、「小6時の学力判定」はほぼ間違いないはずです。

図表8　小6時の通知表の評価（算数）と合格した大学名（医大・医学部、東大）

評価	大学名
確実に5	東大（理Ⅰ、理Ⅱ）　防衛医大　慶応大（医）　自治医大
4か5	東大（理Ⅱ）　信州大（医）　千葉大（医）　日本医大　日本大（医）　順天堂大（医）　東京医大　東海大（医）
3か4	高知医大　群馬大（医）　東海大（医）　東邦大（医）　金沢医大　川崎医大　岩手医大　愛知医大　東京医大　聖マリアンナ医大
確実に3	東大（文Ⅲ）　帝京大（医）　岩手医大　埼玉医大

さて、このデータで「確実に5」というのは、その生徒の小6時の通知表評価は、全期を通じて間違いなく5であったはずということ、「4か5」とは学期によって4であったり5に上がったりしていたと思われるということです。

学力判定の基準とする学年を小6時とした

のは、そのあたりで一応の学力水準に達していなければ、とくに中学以後は英語など、ほかに学習に時間的・労力的エネルギーを要する科目も増えてきますので、数学の学力も上がりにくく、「敗者復活」はほとんど不可能に近いからです。なお、このデータは、すべての教え子や合格した生徒全員ではありません。小6時の学力がどの程度であったら、医大・東大に入れるかの一応の目安と考えてください。

●「東大合格者は通知表で算数が5」とはかぎらない

このリストを見て、読者はどのような感想を抱かれたことでしょう。おそらく「小6時の学力がそれほど高くなくても、医大にも東大にも入れるのか」と、人によっては不思議に思われたのではないでしょうか。

しかし、これは事実です。小6時の通知表で（算数の）評価が4か3、つまりごく平均的な学力の持ち主でも、医大・東大といった超的難関大学に入れるのです。そのなかの一人、「評価が3で東大（文Ⅲ）に入れた生徒」とは、第2章で紹介した「裏ワザを使ったIさん」ですが、ともかく、算数の学力がそれほど高くなくても、これから述べる対応次第、そして努力次第で、難関大学にも合格が可能なのです。

医大・東大以下の難易度の国公立大・私大理系学部（ただし医学部を除く）でしたら、もっとラクです。ほかの科目の学力にもよりますが、算数に関しては小6時の通知表の評価が3程度でも、確実に合格圏に入っているといってよいでしょう。

医大・東大といった超的難関大学には、小学生時代から「算数は余裕でほとんど満点、中学以後も数学などに苦労したことはない」といった秀才しか縁はないものと考えていたとすれば、それは大いなる誤解です。

医大・東大の数学試験問題は、たとえていえば「計算地獄」

医大・東大に合格するためには、数学力を単なる「得意」程度ではなく、「（できれば中学生のうちに）秀才レベルの得意」にまで引き上げておく必要があります。しかし、前項で述べたように「小学生のときから算数は５」である必要はありません。

では、実際に、どのような点に留意して学習を進めればよいのでしょうか。

それにはまず、計算力を（できたら中学生のうちに）単なる得意程度ではなく「抜群」といっていいほどのレベルにまで引き上げておくことです。

「計算力抜群」の効用には、直接的なものと間接的なものとがあります。

直接的効用は、実際の入試に関係します。医大・東大数学など、高得点を獲得できるかできないかは計算力次第と言ってよいほど、計算力に左右されるものだからです。たとえば東大数学です。試験では、まず、解答用紙の大きさに圧倒されます。

理系の場合、A3判の用紙が2枚、裏表合わせて4ページ分の解答スペースがあります。1枚目の表が上下2段に区切られており、上段が問題1、下段が問題2、裏は問題3だけで、2枚目も同様な問題配列で、問題4・問題5、問題6となっています。つまり、問題3と問題6は例年、それぞれの1題だけでA3判用紙のほとんど全体を使って解答する必要のある「距離の長い」設問になっているのです。

その一例が、第1章でご紹介した「問2(57ページ)」です。数行の問題文が最上部に書かれているだけで、その下部すべてが解答スペースです。最終的解決に至るまでには、よほど簡潔に書いても50行は必要で、計算的箇所も少なく見積もっても400はあります。

ほかの問題は問題2よりも計算量は少なくなりますが、それにしても1題につき200か所はくだりませんから、全部で5題に手をつけるとしても、合格点を獲得するためには、最低でも1000か所くらいの計算処理をしなければなりません。

東大数学は、理系の場合、150分の制限時間内で1000か所、文系でも100分で700か所(文系は4題出題される)くらいの計算処理をしなければなりません。しかも、そのうちの1か所でも間違えたらすべておしまいといった、「計算地獄」のような世界なのです。

東大以外の国公立大医学部数学にしても、事情はそれほど変わりません。

地方国公立大医学部数学は、図表6(53ページ)でも示したとおり、一般に東大の問題よりも難易度そのものは2ランクほど低くなっています。そのかわりに、合格最低点は高く、数学にかぎっていえば、二次試験では8割以上、一次試験（センター試験）では満点近くの得点を必要としますから、1か所でも計算ミスをすればすべておしまいといった「計算地獄的状況」は、ある意味では東大数学以上と言っていいでしょう。

医者にアタマはいらない。スピードと正確さがあればいい

本稿の主題からは、少しはずれますが、たとえば、地方の国公立大学や私大の医学部の入試問題で、なぜ数学といえば「計算地獄」のようになるのでしょうか。

問題そのものの難易度は図表6（53ページ）でもわかるように、一般に東大より2ランクないし3ランクほどは易しくなっています。また、試験時間は短く、だいたいは60分から90分程度しかありません。

ただ、そのわりに問題数は多く、大問にして5題はあり、なおかつ計算処理の箇所が多い計量系の課題がほとんどです。やはり、たいていの問題を条件反射的に解いていけなければ、合格点（総合して最低でも6割以上）には達しません。そのような計算地獄的であることに関し、私はかつて同僚の私大医学部数学科講師に尋ねたことがあります。

「どうして（私大）医学部数学は計算量が多いのか」

するとと、彼はこう答えました。

「医者にアタマなんかそれほどいらない（というと医療関係者からお叱りを受けるかもしれませんが）。与えられた数値的条件を素早く正確に処理する能力さえあれば務まる。そのような能力の程をみるのに、計算的課題が最適なのです」

●「計算力抜群」のもうひとつの効用

医大・東大合格に関し、数学の計算力が抜群であることの、もうひとつの効用、つまり「間接的効用」が、学校や塾・予備校での授業や、家庭における自学自習に関するものです。

まず、計算力抜群とは、本稿的にいえば、「計算問題のほとんど全問を条件反射的に素早く処理できる」「その過程でミスしない」という二つの条件が満たされていることを意味します。

そのような条件を有する者は、家庭学習において（その2条件に欠けている者にくらべて）、同じ問題を2倍、3倍の速さで解決できます。その余った時間をほかの問題に振り向けられますから、結果的に学力が向上します。

さらに、学校などの授業においても、やはり同じ問題を、ほかのクラスメートより早く解決できたりしますから、余った時間で、より深い考察ができるというプラスアルファの効果も生まれることになります。

医大・東大にかぎらず、大学受験数学においては「計算力抜群」の果たす直接的・間接的効用は多大なるものがあるのです。

計算力をつけるためには三つの「鉄則」がある

その〝計算力抜群〟になるためには、三つの「鉄則」があります。実際の学習に取り組むにあたって心得ておくべき条項、のようなことです。

第一の鉄則は、「計算的課題だけ載っている学習書を用意し、計算だけに特化した練習をすること」です。具体的にどのような学習書が適切であるかは、次章で述べますが、ともかく「計算だけに限定した練習を特別にすること」です。そしてそれは、ある種の「意識改革」の意味もあります。計算的能力は数学、とくに難関大学受験レベルの数学においては、ほかの応用的課題の附属役や従属役などではなく、むしろ「主役」なのだという意識をもたせるためでもあるからです。

計算だけに特化した練習は、できれば小学校低学年のうちに、基本的には高学年で、遅くても中学1年くらいまでには開始することです。中2あたりになって、「計算力がもう少し」などと慌てても手遅れです。そのころには、英語をはじめとする高校受験を意識して学習する必要のある科目も増えてきますから、数学の計算「だけ」に限定した練習をする余裕もなくなります。そうなれば、どうしても場当たり的な、おざなりの対応になりがちです。しかし、それでは医大・東大レベルの計算力抜群にはまずなれません。

●気をつけなければならない「三つの無理」

第二の鉄則は、「三つの無理は避けること」です。

ひとつめの無理は「量的無理」です。あまり多くの計算的課題を一度にさせすぎてはいけません。親にしても、先生にしても、小学生の子どもに対して、どうしても要求水準が過大になりがちです。しかし、1日に30問程度、2ページ以内におさまるくらいでちょうどいいでしょう。子どものほうが「もう少しやりたい」といった顔をするくらいで充分です。

二つめの無理は「難易度的無理」です。「計算力だけは〝得意〟を超えて〝抜群レベル〟に」とはいっても、ハイレベル問題集などを使う必要はありません。一般に、市販の小学生用の問題集の類は難しすぎます。親が見て「この程度のやさしい問題集でよいのか」と思うくらいでちょうどよいのです（それについての具体的なことは次章で述べます）。

そのようなやさしい問題集でも、一瞥《いちべつ》するだけで解き進められ、途中でほとんど遅滞らしいものがなく、つまり、スラスラ解けたら、試験場でハイレベルな計算にも充分に対応できるものです。

三つめの無理は「段階的無理」です。学年を超えた範囲の計算など、無理にさせてはいけないということです。とくに小学生が中学レベルの正負の計算、文字式、一次・連立方程式、無理数計算といった領域に踏み込むことなど、百害あって一利なしの愚行といってよいでしょう。

●算数と数学は異質なもの

小学生では「算数」、中学生以上では「数学」と呼び方が異なるのは、単に名称が変わることが理由ではありません。数学的見地から言えば、その両者は体系的に別種なものだからです。

前者は主として「直観的数値操作能力」が、後者は「論理的数式操作能力」が主体になります。その論理的能力が主体になるのは、だいたい高校数学以上の段階で、中学数学はその境界の「直観+論理」といってよいでしょう。

計算にしても、中学からは条件反射的に処理するのではなく、ある程度、理屈をつけて筋道を立てて考える必要のある課題も出てきます。その切替えの時期はだいたい中3あたりです。

小学生で中1の一次方程式が解けても、さらに中2の連立方程式まで解けても、それらはまだ、ほとんど条件反射的に、つまり直観的能力だけで間に合う課題だからで、中3あたりから論理的思考能力主体となると、そうはいきません。そこでは因数分解など、数式処理にあたり、ある方向性のもとに筋道を立てて考える必要のある課題も出てきます。

したがって、段階を超えた学習をしている生徒にかぎって、その切替えがうまくいかず、中

2あたりまでは数学が良くても、中3になって伸び悩み、はては落ち気味になるといった事態にもなり得るのです（第1章であげた「**中3のふしめ**」もこれに関係するのではないでしょうか）。「急《せ》いてはことを仕損じる」の見本です。

以上は小学生が中学レベルの課題を学習するといった、2段階、3段階もの「段階の省略」ですが、たとえ1段階の無理、つまり小学5年生が6年生の課題に踏み入るというような事例についても同様です。

5年生には5年生なりの修得しておくべき事項があります。それが充分でないうちに、無理をして6年生のレベルに踏み込むようなことをしたら、いずれ弊害が出てきます。

ともかく、子どもを上の段階の学習に無理に踏み入れさせるようなことは、親や保護者の自己満足にすぎません。その学年相当の学習だけで充分なのです（ただし、子どものほうが自分で進んで行う場合はかまわないでしょう）。

●相手にする必要のない「算数」もある？

第三の鉄則は、「特殊算は捨てること」です。

小学校の算数では、つるかめ算、過不足算、旅人算といった、専門用語でいえば「特殊算」といわれる文章題があります。全部で二十数種類あるといわれています。しかし、それらは「相手にしないこと」です。

もちろん、相手にしないというのは、教科書を超えたレベルの問題にかぎってのことです。教科書に載っている程度のものなら、「相手にする」必要がありますし、全問、解ける必要もあります。しかし、教科書に載っていない、たとえば市販の問題集類の特殊算などを相手にしてはいけません。その手の問題練習をする必要はないということです（中学受験をしない場合にかぎられます）。

特殊算を捨ててよい理由は、それらを解ける能力は、本稿の主題である医大・東大の受験にはそれほど有用的にはたらかず、それどころか、却ってマイナス的に作用したりするからです。それら文章題のほとんどは、中学や高校で一次・二次方程式、連立方程式など「方程式法」で解けます。また、中学・高校では小学生のときと同じような特殊算的課題も出てきます。それはもちろん、方程式法によって処理するものですが、小学生のうち、図や表を描いたりしての「算数的方法」に習熟した生徒にかぎって、その切替えがうまくいかなかったりするからです。

小学算数では「秀才」レベルであっても、とくに怠けていたわけでないのに、中学以上の数学で「並才」になってしまう例は少なくありません。

●過度に教育熱心な親が陥りがちな「かまえ」とは

ある段階における学力の高さが、次の段階における学習のプラスにはあまりならず、却って阻害要因になったりすることを、学習心理学では「かまえ」と呼んでいます。それは数学（算数でも）では必須的なものです。**数学とは〈方法の学〉である**ためだからです。

小学生なら、図や表をかいたりして、あるいは直観的に解きます。しかし、それでは、ややこしい課題には対応しきれないから、中学生以上になると「x、y」などを使って筋道を立てて考えて、論理的に解きます。そのように、学年が進むにつれて、さまざまな方法を学ぶのが、数学学習の主たる目的といっていいでしょう。ただ、そういった「方法学習」においては、ひとつの方法に熟達しすぎることは、ほかの方法を習得するにあたり、却って障害にもなり得るのです。

もちろん、それらいくつもの「方法」に習熟してもかまわないでしょう。小学生のときは算数的手法を修め、中学生になったら、それを一旦捨て、心を無にして数学的方法を習得し、その両者に熟達してもかまいません。しかし、それができるのは、本物の秀才だけでしょう。そのような生徒にとって、本書は「お呼びでない」もので、なぜなら、とくに意識して努力しなくても、医大にも東大に入れるでしょうから。

しかし、たいていの生徒はそうでないはずです。努力して、ようやく医大・東大レベルの「数学秀才」に至るものです。それならば、医大・東大数学に、より直接的に関係する中学以上の方程式法に集中したほうがいいでしょう。

計算力抜群になるための具体的な学習法

では、計算力抜群になるためには、具体的にどのように学習を進めていけばいいのでしょう。その前にひとつ、言っておくべきことがあります。それは「計算力とは何か」ということです。計算力そのものの正体がわかっていなければ、それをつけたくてもつけようがないでしょう。

計算力とは次の三つの能力を総合したものです。

①計算問題を（考えなくても）解ける
②その段階でミスをしない
③ミスしても、それを素早く発見でき、訂正できる

このうち、①がとくに重要です。計算力が不足している生徒は、だいたいは①の条件が満たされていないものです。それに①の能力が充分であれば②のミスもかなり防げますし、③をする余裕も生まれるものです。したがって、計算練習においては、「計算的課題を途中で手を休めて考え込んだりしなくてもスラスラ解ける」を、最終的目標とすることです。

計算問題を考え込んだりしないで解くことくらい簡単と思われるかもしれませんが、実際に

は、なかなか難しいものです。ひとくちに計算問題といっても、その範囲は広いからです。

小学生の加減乗除だけではありません。そのような四則演算のほかに、文字式計算、因数分解、方程式・不等式はもちろんのこと、関数とグラフの一部や指数・対数から、微分・積分の初級的課題まで含まれます。図表5（51ページ）の難易度分類でいえば、1と2レベル問のほぼ全問から、3の一部まで含まれます。

それらを一読するだけで解き進めることができ、途中で遅滞することなどほとんどなく、正解に至ることができてはじめて「計算力抜群」といえるのです。

●なぜ「考えなくても解ける」ことが必要なのか

では、なぜ「考えなくても解ける」ことが求められるのでしょうか。その理由は、「考える」ということは、問題を解く際に使用する、いろいろなきまりや処理手順などのうち、あやしいものがあるからです。

「知らない」とか、「忘れてしまった」というほどではなくても、あやふやなところがあるから、手を休めて考え込まなくてはならないのです。そのような事項がひとつでもあるうちは、難易度1程度のやさしい課題でも、10問も解くうちに1問くらいはミスしてしまうでしょう。

それでは、「計算力抜群」などとは、とうていいえません。

「考えなくても解ける」必要があるという、もうひとつの理由は、医大・東大レベルの数学に関しては、**計算的能力は「道具の一種」**だからです。計算的能力は、ハイレベル問題を解くにあたって使用される道具のひとつにすぎません。道具というものは、それを正しく使用できるだけでは不充分です。

いくら正しく使えても、その「正しく用いること」に気をとられているうちは、それほど有用的ではありません。ほとんど無意識的に使いこなせて、つまり、計算問題を考え込んだりせずに解けてはじめて、医大・東大レベルの計算力があるといえるのです。ただし、考え込まなくても解ける、つまり「速く」「正確に」解けるといっても、その二つの条件が、最初から満たされていることは、なかなかありません。その場合は、「速さ」よりも「正確さ」を優先することです。

計算が速い人は、なにも書くスピードが速いわけではありません。手をいくら速く動かしたところで、たかが知れたものです。計算の種々のきまりや処理手順などに精通しているから、問題を一読するまでもなく解き始められ、途中で手を休めて考え込んだりすることもないのです。その結果、速く解けることになるわけで、要するに、「正確さ」が増せば増すほど、それに応じて「速さ」も増大するのです。

その順序を逆にして、「速さ」を第一にしてはいけません。計算に関する基本的感覚を身につけさせる小学生のうちは、とくにそうです。早く解けたものの、ミスが多くて10題のうち、2題も3題も間違っているというのではいけません。

その原因として保護者の責任があります。たとえば、勉強をみているお母さんが、日ごろから「計算を速く」などと急《せ》かしていたら、正確さは身につきません。正確さに留意して計算練習を重ねれば、速さはいずれ身につくものです（その逆には、まずならない）。人間にはそれぞれの性格に合った「巡航速度」というものがあります。計算の適性速度のようなもので、性格的に、それが人より遅い子もいます。

しかし、心配はいりません。一見して遅いように見えても、考えなくても解けるレベルになっていたら、実際の計算速度も、その計算力を利用して問題を解くスピードも、それほど遅くはならないものです。

そもそも、数学は「計算の学」ではありません。「**数学は方法の学**」です。さまざまな数学的方法を学ぶのが第一の目的であり、計算はそのための道具のひとつにすぎません。その道具の使い方の正確さならともかく、「速さ」などによって差がつくような出題は、医大や東大にかぎらず、あるレベル以上の学校はしないものです。

「暗算は1段階だけ」にすれば計算ミスの大部分は防げる

もちろん、いくら計算力がついたとしても、答えがいつも100パーセント正解ということはあり得ません。計算ミスというやっかいなものがあるからです。そもそも計算ミスにかぎらず、人間なんて「ミスをする存在」みたいなものです。ある種のコンピュータには、人間の作成したプログラムにはミスがあるという前提のもとに、それを修正する機能が付加されているほどです。

問5　次の問題を解け

$2(x-3)-4(2x+5)=-2$ ………①

(解)

$2x-6-8x-20=-2$ ………②

$2x-8x=-2+6+20$ ………③

$-6x=24$ ………④

$x=-4$ ………⑤

では、計算ミスを防ぐにはどうしたらよいのでしょう。それは、「暗算は1段階だけ」にすることです。

計算ミスのほとんど、おそらく90パーセント以上は、多段階の暗算が原因で発生しているからです。どんなことかは「問5」で説明します。

「問5」を、①―②―③―④―⑤と順に書き、計算していくのは、すべて1段階の暗算です。たとえば、①から②までは、「2かけるマイナス3をマイナス6とする」というように、1段階の暗算、つまり計算の過程を脳内操作だけで済ませることをしていません。

一方、①からいきなり③に行くのは、②の段階を暗算で済ましているから、2段階の暗算といえます。計算ミスのほとんどは、このような2段階以上の暗算が原因で発生しているものです。

学習塾・予備校で数学教師を40年あまり勤めてきた私は、「計算ミスなんぞしすぎたら生きてゆけない」という緊張感のもとで暮らしてきましたから、計算力に関しては、かなりの自信があります（古希を過ぎること4年、数学教師を引退して数年になる現在は、もちろんそうではありませんが）。

私が計算ミスをしなかったのは、段階の省略をしなかったからです。「問5」でいえば、①からいきなり③に行くようなことはせず、番号順にていねいに書いていたからです。もちろん、やろうと思えば①からいきなり④までても、⑤までだってできます。ただし、それにはきわめて精神の集中を必要とします。その「段階の省略」が正しいかどうかを考え込んだりするのと、①から順に⑤まで書いていくのと、手間もヒマもそれほど変わらなかったりします。

ところが、出来の悪い生徒にかぎって、段階の省略をしたがります。①からいきなり③に行くのはまだましなほうで、なかには、いきなり④あたりまで行こうと頑張る者もいます。

もちろん、そのほとんど、というよりも100パーセントは間違っています。塾・予備校教師時代、そんな生徒を見つけると、私はよくこう言ったものです。

「オマエ、10年早いぞ」

「問題とその解き方まで」。数学こそ「まとめて暗記」せよ

医大・東大レベルの「数学得意」になるためには、計算的能力を抜群にすることのほかに、もうひとつの条件があります。数学をある種の「暗記もの」として捉え、**問題とその解き方までまとめて「暗記」すること**です。

数学が「暗記もの」かどうかは、受験生だけでなく、数学関係者のあいだでも見方が分かれているようですが、私に言わせると、そんなナンセンスな議論はありません。

そもそもペーパーテストによる厳密な採点が可能な学習科目で、暗記科目でない学科などあるわけはありません。どんな学科でも、まず何かを覚え、その覚えたことをもとにして問題を解くという意味において「すべて暗記科目」です。

ただ、数学における暗記が、ほかの科目の暗記とは、少々、様相が異なるため、「人によっては暗記ものには見えない」だけのことです。

何かの科目を学習する際、私たちは大別して次の2種類の知識を暗記します。

①「個々の細かい知識」
②「①を操作する方法のような大ざっぱな知識」

専門用語を用いると、①を一次的情報、②を二次的情報と呼ぶこともありますが、どんな科目でも、この2種類の知識を覚えることが学習することなのです。

たとえば英語では、①は単語や熟語、発音記号などであり、②は構文や英語特有の表現技法のようなものがそれにあたります。そして、ここが重要なところですが、この2種類の知識や情報を別々に覚えても、問題を解く際の支障にはなりません。

実際、たいていの受験生は、単語を単語集で覚え、文法類はそれとは別に文法書を使って学習するのが普通です。そのうえ、一次的情報と二次的情報の総まとめともいうべき読解も、英文解釈問題集などで特別に練習したりします。それが標準的な英語の学習法です。

●国語や社会は、たしかに暗記科目

国語や社会にしても似たようなものです。

やはり古文単語、歴史事項といった一次的情報と、文法、時代背景、歴史全体の流れといった二次的情報があり、それらを別々に学習することも普通に行われております。

さらに、その細分化された知識を、「英単語5000」「歴史事項2000」というようなかたちで計量化することもかなりの程度、可能です。そして、その計量化は、ただちに学力に反映されます。英語の単語・熟語を1万も覚えたら、文法書なんか1冊も読んでいなくても、たいていの大学入試で半分は得点できるでしょう。

古文単語なら、1万語も必要ありません。その20分の1で充分です。日本史だって、1問1答形式の歴史事項を2000くらい覚えたら、それだけでセンター試験で3割や4割は取れます。事実、たいていの受験生はそのような学習法をとっているでしょう。

このように知識の細分化・計量化が可能で、それが普通に行われており、また学力にストレートに結びつく学科は、どうしても〝暗記科目〟に感じられるのです。

●「数学は暗記科目である」という根拠

たしかに、数学はその点、違うところがあります。

「知識の細分化・計量化が、直接は学力に反映しない」というよりは意味がない。定理・公式・計算のきまりのような一次的情報類をいくら多く、そして完璧に覚えたところで学力は上がりません。公式をそのまま適用すれば済む校内テストのような簡単な試験ならともかく、予備校の模試や実際の入試では1点も取れないでしょう。

それは二次的情報についても同様です。

「放物線は頂点に最大の特徴があるグラフだから、放物線を表す式は頂点がはっきりとわかるかたち、すなわち標準形に変形すれば、たいていうまくいく」というような二次的情報をいくら多く覚えても、それだけでは何のことか、まずわかりません。そんな二次的情報ばかり丸暗記しても問題は解けません。

しかしそれは、「これら2種類の情報が問題解決に関係しない」ということではありません。**数学とは方法の学**です。ある題材について、さまざまなケースを想定し、それぞれのケースに応じた処理法ともいうべきものを学習するということです。

そのような「方法学習」においては、ケースが違えば当然、処理法も異なります。すなわち、数学ではケースと処理法は不即不離の関係にあります。

国語や社会・英語では、ケースそのものがどんなものなのかを問われたりしますから、ケースだけ、あるいは処理法だけを切り離して学習することも可能ですが、数学ではそれができないのです。要するに数学における学習では「ケース（問題）」と「処理法（解法）」は常に一体となっている必要があるのです。したがって「暗記」も、その両者をまとめたかたちで要求されます。わかりやすく言うと「問題とその解き方をまとめて覚える」ということです。これこそが「数学における暗記」であり、その意味において**数学も立派な暗記科目**なのです。

●数学は、何を、どれだけ「暗記」すればいいのか

「数学は暗記科目」だと述べました。だとすれば、読者は、数学の「何を」「どのレベルまで」暗記する必要があるのかという疑問をもたれるでしょう。

その答えを本稿の趣旨からいえば、つまり医大・東大受験のためには「教科書レベルの全問」になります。より具体的に言えば、教科書レベル問題（教科書と授業で副教材として使用して

いる問題集、すなわち、中学生なら準拠問題集、高校生なら傍用問題集に載っている問題）の全問がスラスラ解けるようになることです。これこそが「数学における暗記」です。ただし、「スラスラ解ける」の中身が、中学生と高校生では、多少、違います。それをくらべてみれば、次のとおりです。

中学生……問題を一読するだけで解き進められ、途中でほとんど遅滞《ちたい》らしい遅滞はないまま、最終的解決にまで至れる。

高校生……問題を一読するだけで解決に至る過程がわかって解き進められ、途中で手を止めて考え込むことが多少あっても、それほど手間取ることなく最終的解決に至れる。

もっとも、いま、述べたようなことは、あるレベル以上の受験生はみな承知しており、実行もしているものです。そして、試験を受ければ高得点を獲得しているはずです。受験生用語で「パターン暗記学習」と呼ばれているのがこれです。

医大・東大に合格できるかできないか。その分かれ道が中学数学

数学で、「問題とその解き方までまとめてパターン別に覚えることによってスラスラと解けること」で、とくに重要となるのが中学レベルの数学です。

図表6（53ページ）でもわかるように、大学受験レベルの数学の問題難易度分類において、1、2レベル問までは中学数学と重なっています。つまり、中学数学が大学受験数学の基盤となっているということです。その基盤がしっかりしていなければ、スポーツでいえば基礎体力や基礎的身体能力がなければ、いくら練習しても、あるレベル以上にはなれないのと同様、数学学習においても、医大・東大レベルには届きません。

逆にいえば、中学レベルまでの教科書のほぼ全問がスラスラ解けるような学力段階にあれば（もちろん中学レベルまでの計算力も抜群という条件も必要ですが）、高校では少々、手を抜いていても、受験勉強の段階に入って半年か1年も集中して頑張れば、比較的容易に医大・東大レベルに到達できるのです。その意味では、医大・東大に入れるか入れないかは「中学数学しだい」と言ってよいでしょう。

よく、こんな話を聞きます。

「偏差値30から東大（医大も）合格」

「落ちこぼれが東大（医大も）へ」

そのような生徒は、それまでに終始一貫して「偏差値30」や「落ちこぼれ」ではなかったはずです。おそらく、中学レベルまでは、とくに数学に関しては、秀才とまではいかないまでも、得意程度だったことでしょう。高校では野球づけの生活だった私も、高3の夏に受験勉強を開始した時点での数学の偏差値は30もいかなかったでしょう。東大どころか、他大学の数学の過去問をみても、問題の意味すらほとんどわかりませんでした。

それでも半年間ほどで、数学は東大レベルとまではいかなくても、それに近いところまで行けました。中学数学で偏差値はおそらく75以上という「基礎体力」が充分に備わっていたからです。

「数学のできる子は頭が良い」は非常識どころか真っ赤なウソ

かつてわが国の教育界には、次のような「常識」が信じられておりました。

「数学のできる子は頭が良い」

しかし、それは事実ではなく迷信にすぎないことを、以前、私は『数学は暗記科目である』（原書房）でも述べたことがあります。

それ以来、数十年の時を経ていますが、近年は、個人情報保護等の問題もあり、今日、とくにわが国では、知能指数と各学科の学業成績との相関関係に関する調査などは、ほとんど行われていません。

さらに、おそらくは今後とも実施されることはまずないものと思われます（私が小学生の頃はよくありました。小学5年と6年の2回、行われたと記憶しています）。

したがって、算数・数学を含めて各学科の学業成績と知能指数との相関関係等に関する調査資料のほとんどは、数十年（少なくとも30年）前のものですが、このデータに頼らざるを得ないのが現状ですし、また絶対的に信頼のおけるものと断言できるものでもありません。

しかし、半世紀にわたって、多くの受験生をみてきた私にすれば、状況は不思議に思うほど、変わっていませんので、本書でも詳しい数値的資料をあげて、検証してみましょう。

●知能指数と算数・数学の成績は無関係

まず、頭が良い（または悪い）とは、具体的にどのようなことを意味するのでしょう。

普通に考えられるのは「知能指数」ですが、それについても、「人間に関する知的能力のうち、記憶的能力は測れるが、創造的能力（拡散的思考能力、たとえば新聞の用途をいくつかあげさせるようなこと）は測れない」という欠点があります。つまり、知能指数は、その人の「頭の良し悪し」という知的能力のすべてを正確に表すものではないということです。

まず、資料（図表9・図表10）をあげておきます。

この二つの資料は、いずれも英国のもので、調査者は高名な心理学者です。

それぞれの表の数値はいずれも相関係数です。簡単にいうと、係数が「1・0」でしたら、その学科の学業成績と知能指数は、一人の例外もなく相当に強い相関関係があることを意味し

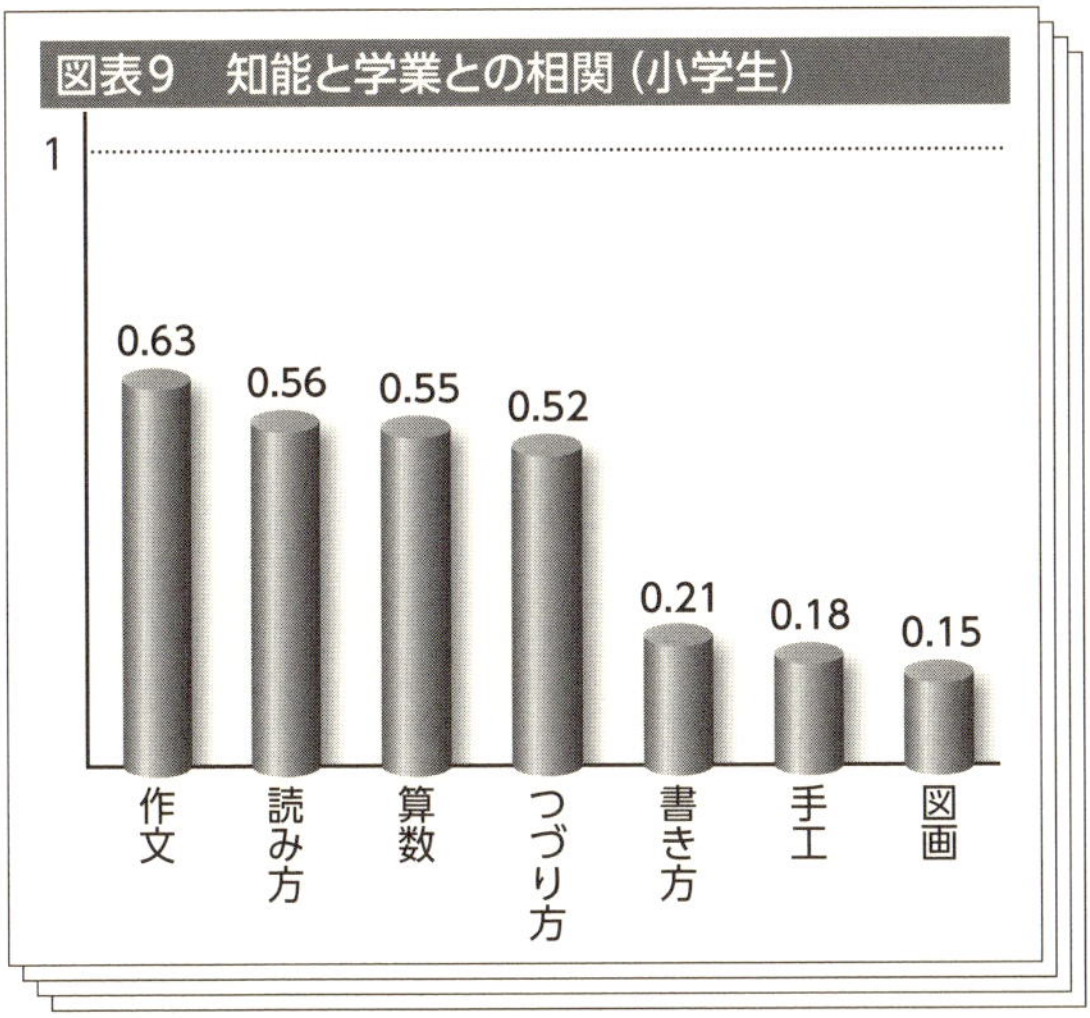

図表9　知能と学業との相関（小学生）

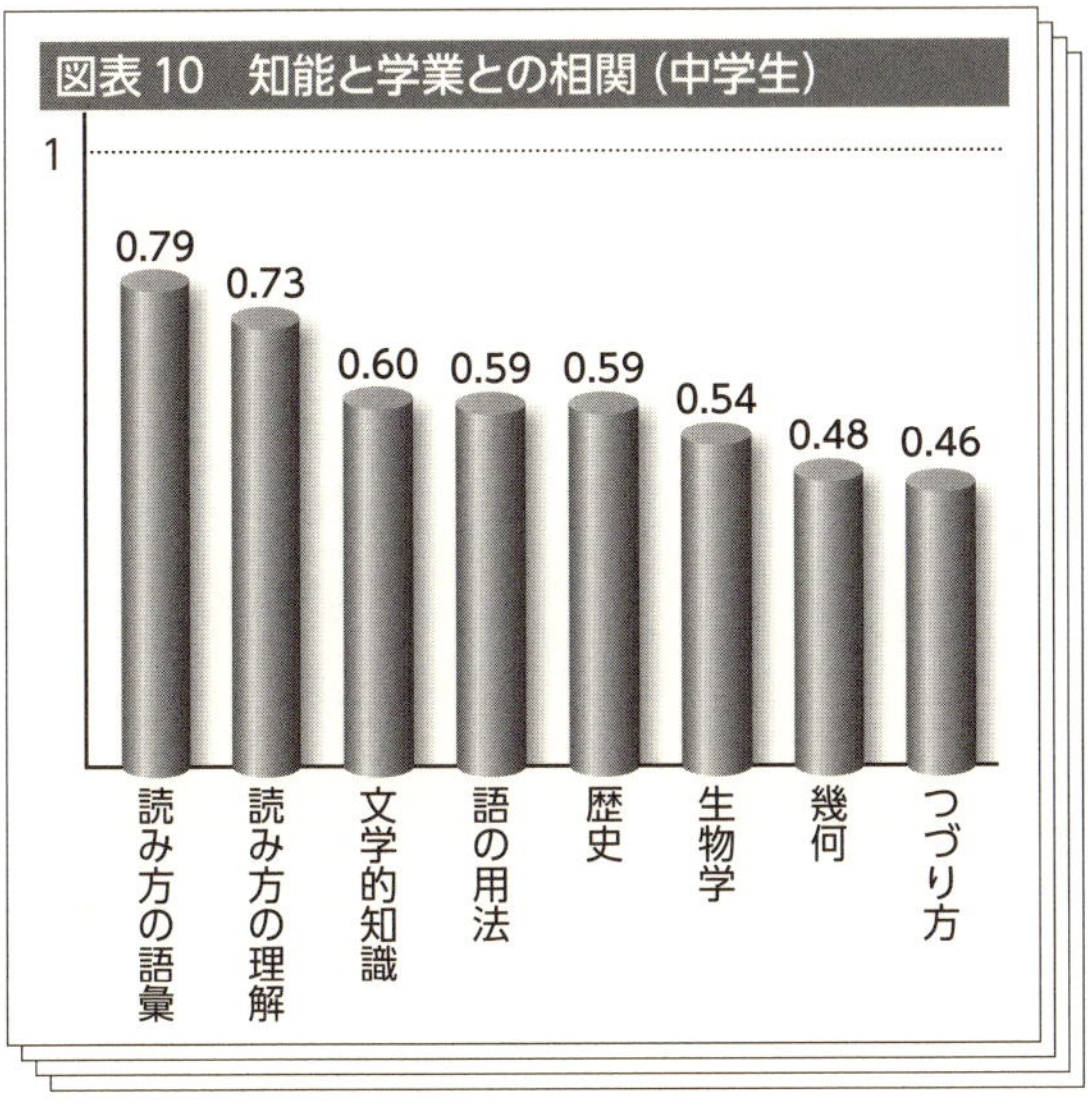

図表10　知能と学業との相関（中学生）

ます。早い話が「知能指数が高ければ成績も良い」ということです。数字が「0・7か0・8」で、かなり強い相関関係となり、「0・5」でまあまあの関連性、「0・3」以下の場合は、あまり関連性はないということになるでしょう。

図表9、図表10でもわかるように、算数や数学（幾何）は知能指数と関連がないわけではありませんが、いずれも0・5前後の「まあまあの関連性」にすぎません。しかも重要なことは、それらは主要科目のなかでは最も低い数値でしかないということです。

図表10でいえば、国語（読み方の語彙・理解）よりはるかに低く、社会（歴史）や理科（生物学）よりも下位です。相関係数の0・01くらいの差など、測定誤差を考えるとほとんど変わらないと見做してよいものですし、また、このデータは外国の調査結果にすぎません。さらに資料の例数としては少なすぎて絶対的に信頼できるものでもありません。しかし、それにしても算数や数学だけが、とくに頭の良し悪し（知能指数）と縁が深い学科でないことだけは言えるようです。

知能テストの形式を変えても数学と知能との関連は見出せない

形式別の知能テストの結果にも、算数や数学だけが、とくに頭の良し悪しと関係が深くないことが現れています。じつは、知能テストの数値は、環境によって規定されるもので、素質の良い子は、どこで育てられても知能テストで必ず良い点数を取れるというわけではありません。たとえば、知能テストの問題が文字によって表現されてしまえば、ふだんから文字に親しむ機会が多い都会育ちの子どものほうが、野山ばかり駆けまわっている田舎の腕白坊主より良い点数になってしまうのは必然です。知能テストの数値は、ある程度まで文化、つまり、その子を取り巻く環境によって左右されるということです。

そこで、そのような環境による有利不利を是正するため、知能テストの形式をA式（言語系。文字を媒介とした課題）、B式（非言語系。文字をあまり用いず、図や記号を主体とする課題）の二つに分け、それぞれを比較検討する方法もあります。

その形式別のテストを中学生と高校生に分けて行った結果をグラフ化したものが、172ページの図表11と173ページの図表12です。

この二つを見て、まず図表11で目立つのは、A式における国語との高い関連性です。文字を媒体とする課題ですから、これは当然の結果といえましょう。そのほかで特徴的なことは、英語がB式で、ほかの学科にくらべて、いくらか関連性が低いと思われるくらいのものです。数学・理科・社会については、A式・B式とも、たいてい同じ程度の関連性でしかありません。

図表12の高校生の場合も、数字そのものは少しずつ低くなりますが、同じような傾向が現れています。つまり、このように形式別の知能検査の結果をみても、数学だけが、とくに知能指

図表11　知能検査（形式別）得点と学力検査得点の相関（中学生）

教科	学年	形式	相関
国語	中1	A	0.79
		B	0.56
	中2	A	0.80
		B	0.57
	中3	A	0.77
		B	0.49
数学	中1	A	0.70
		B	0.57
	中2	A	0.68
		B	0.56
	中3	A	0.69
		B	0.56
社会	中1	A	0.70
		B	0.58
	中2	A	0.74
		B	0.56
	中3	A	0.76
		B	0.58
理科	中1	A	0.72
		B	0.60
	中2	A	0.68
		B	0.57
	中3	A	0.60
		B	0.57
英語	中1	A	0.61
		B	0.48
	中2	A	0.78
		B	0.51
	中3	A	0.60
		B	0.54

数と関連が深い学科であることを意味する数値など、発見できないのです。

●数学は学年が進むにつれて「練習量」がものをいう

図表11と図表12をくらべてみてもわかるように、学業成績というものは、一般に学年が進む

ほど知能指数との関連性が低くなる傾向にあります。わが国における知能研究の集大成ともいえる『知能』上出弘之・伊藤隆二［編］（有斐閣双書）にも、次のような記載があります。

「知能と学業成績との相関は、中学・高校・大学と年長になるにしたがって低下することが多い」

これを示す参考資料をグラフ化したのが、174ページの図表13です。

図表12　知能検査（形式別）得点と学力検査得点の相関（高校生）

国語	A	0.42
	B	0.36
倫社	A	0.47
	B	0.41
英語	A	0.26
	B	0.23
数学	A	0.24
	B	0.27
化学	A	0.37
	B	0.43
物理	A	0.32
	B	0.34

図表13をみてわかるとおり、すべての学科で中学生のほうが大学生（大学入学時）よりも、相関係数が高くなっています。なかでも、その開きが大きいのが「数学」です。大学入学時の相関係数が0・02、つまり0に近いということは、知能指数と数学の入試成績とはほとんど関係がないということです。

このように調べてみると、算数・数学の学業成績は、小学生から中学の低学年あたりまでは、知能指数とある程度の関連性はあるようです。

しかし、中学の高学年、さらに高校・大学と学年が進むにつれて、そのような素質的なもの（と

図表13　知能と学力との相関（有斐閣双書『知能』より）

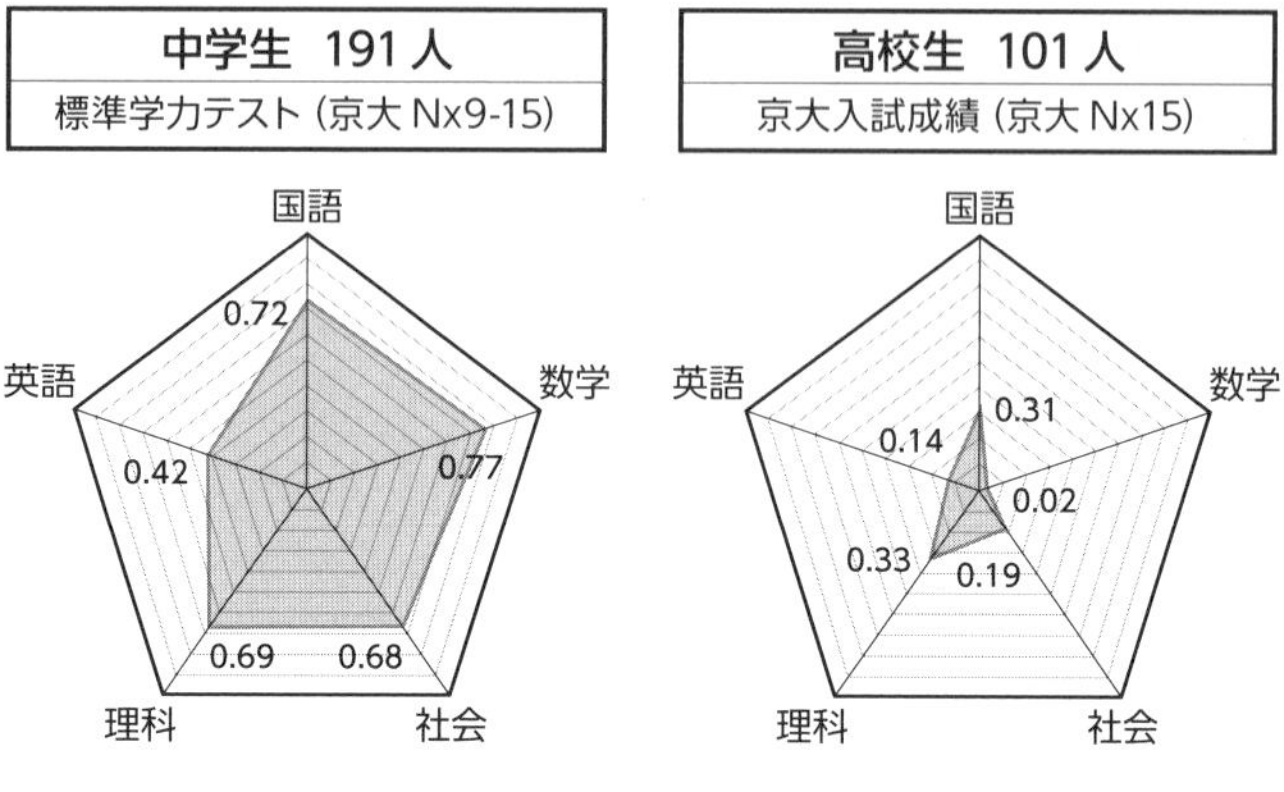

（「京大Nx9-15」「京大Nx15」は、それぞれ検査方法）

いっても知能指数の10パーセントや20パーセントは、長い年月のあいだに変わってしまうもののようですが）とは、縁が薄くなる傾向にあるようです。以上を総評して、同調査を主導したノートルダム女子大教授（当時）住田幸次郎氏は、こう結論づけています。

「数学の学業成績は、学年が進むにつれて知能のようなあるていど先天的な要素よりも、後天的練習などにより多く規定される」

　要するに、数学のできる・できないは、「（才能や素質よりも）、どれだけ適切な学習をしたか」に、より多く負っているということです。

算数不得意児のための「裏ワザ」的学力向上法

さて、この章の冒頭で、将来の医大・東大はもちろんのこと、それ以下の難易度の理系学部合格のためには、「小6時の算数の学力は3以上」になっておくことが、必須的条件のひとつと述べました。そして、これまで述べてきた「小学生レベルの算数学習法」は、主としてその「3以上」の学力の持ち主に対してのものでした。

しかし、学力段階が3より下の2、1といったレベル、つまり教科書の易問にさえ苦労するような、学力不振児、算数苦手児だったとしても、いわば「裏ワザ的学力向上法」があります。塾の教師時代に、私が、多くの児童たちに試してみて、実際に効果があった方法です。

実行する学年は、小4の後半から小6の前半あたりがベストでしょう（よほどの学力不振児だったら、それ以後でも効果があります）。それは「大きい数のかけ算、わり算に特化した練習をする」という方法です。

その大きい数とは、かけ算は「2けた×2けた」あたりから始めて、「3けた×2けた」「3けた×3けた」まで。

わり算は「3けた÷2けた」から始めて、「4けた÷2けた」「5けた÷2けた」「5けた÷3けた」あたりまででよいでしょう。

一例をあげると上記の「例題」のようなものです。

例題

[かけ算]

47×32、763×49、296×774

[わり算]

972÷25、6877÷49、

9533÷736、27356÷93、

65231÷485

このような計算問題を、1回（1日）につき、はじめはかけ算、わり算それぞれ5題くらいずつ練習するのです。合わせて10題くらいなら、子どもにとって、それほどの負担にならないでしょうし、たとえ学力不振児でも、実行できるはずです。

出題する計算問題は、お母さんやお父さん（もちろん、おじいちゃん・おばあちゃんでも、お兄ちゃん・お姉ちゃんでも）が、「適当に手作り」して（わり算は余りが出てもよい）、答えは計算機を使って出してもよいでしょう。

具体的な学習の進め方については、次のようにします。

（一）かけ算、わり算とも、1回に練習する問題のタイプは、すべて同じにする。たとえば、かけ算だったら「2けた×2けたのタイプだけ」といったようにする

（二）それら計算練習に関し、「途中で手を休めて考え込むことなどほとんどなく、全問正解だったらそのタイプは卒業」とし、次の段階に移る

（三）最終的段階（かけ算だったら「3けた×3けた」、わり算だったら「5けた÷3けた」）を終了したら、また（一）に戻り、今度は問題の量を2倍（1回に学習する問題数をかけ算、わり算それぞれ10題ずつ）にし、少なくとも半年くらいは以上のような練習を繰り返す

ことわっておきますが、「整数」だけで充分です。分数や小数の計算問題は必要ありません。そのように手を広げすぎるから、子どもが算数が嫌いになったり苦手にもなったりするのです。それに分数や小数などは、単なる「数」の表記上のことですから、大きい整数の操作能力が向上したら、いずれできるようになります。

（三）までの段階が成功的に終了したら、算数の学力は間違いなく「3」以上になっています。もしかすると「4」に上がっているかもしれません。もちろん「算数嫌い」や「算数苦手」の段階は卒業できていますから、中学以後の数学にも充分、対応できます。つまり、この章で示した学習法を実行できるレベルに到達しているということです。

なぜでしょう。

算数も数学も、ともに「数」という文字がつくことでもわかるように、「数」に関する学科

であり、「数」を基盤とし、そのうえに、さまざまな事象を重ねることで成り立っているものです。中学や高校レベルのいわゆる学習数学など、その典型です。その「数」を操作するのが速く、しかも正確でありさえすれば、それだけで平均以上の学力・能力段階に至れるものです。そしてその「数」とは、小学校の高学年以後、とくに中学、高校レベルでは「2けたか、せいぜい3けたのはじめあたりまで」です。

ちなみに手元にある高校数学Iの教科書を調べてみましたら、載っている最大の数は150(三角関数にありました)でした。つまり、4けた、5けたといった大きい数の操作に長《た》けていたら、それ以下のけた数の数値的操作など容易にでき、その余裕が、題意の、より深い考察、理解につながり、結果的に算数力、数学力全体の向上にも結びつくのです。

●幼児期は「数で遊ばせて」みる

幼児期における算数・数学教育について、私なりの考えをここで述べておきましょう。

将来、数学を得意にさせ、さらに理系の分野に進ませるためには、幼児期にどのような教育をしたらよいかというような話です。

それにはまず「数で遊ばせることが重要」だと考えています。もしくは、子どもとの会話の中で「数を話題にする」のです。

どんな「数」でもよいでしょう。「買い物をしたときの商品の値段」でも、その子の好きな「怪獣の大きさ」でもいいでしょう。ともかく、ふだんの生活のなかで「数」を意識させて、「数」に興味をもたせるのです。「数」に対する興味や経験は人によってさまざまでしょうから、私自身の体験について述べます。

私は「数」に対する感覚が鋭い子どもでした。しかしそれも、おそらくは生来のものではなかったと思います。幼児期のある訓練もしくは体験のたまものではなかったかと、いまごろになって思い至っています。

私の父は船乗りで、北海道の海の幸を本州方面に運ぶ運搬船の船長をしていました。運搬船の船長といえば、船の速度計算、目的地までの距離計算、風速・流速計算など、徹頭徹尾「数」的思考を要する職業です。父は完全な理系人間で、本を読んでいる姿など一度も見たことがありません（家にまともな本など1冊もありませんでした）。

漁期が終わった冬場になると、父は家でごろごろしており、月に1度くらい、本社のある青森に打合せか何かの仕事で行きました。

終戦直後の話で、当時の汽車は遅く、秋田から青森まで1日がかりの旅でした。車中の無聊《ぶりょう》をいやすためもあったのでしょう、当時4歳か5歳だった私が、よく同行させられたものです。その際、「途中のトンネルの数はいくつあるか、数えてみろ」などといわれ、（ほかに、とくにすることがないためもあり）真剣に数え、往きと帰りの数が合っていたら誉められます。

トンネルから始めて、次は橋の数、さらに駅の数……と、とにかく車中では「数を数えていた」

という記憶しかありません。そういったことで、「数」に対する興味が増し、親戚中の老人の生年月日を聞きまくり（たいていは明治生まれだったはずです）、次にその家に行ったときにそれを言うと、「よく覚えていた」と誉められ、それが嬉しくて、また覚えるといったふうに、数に対する興味や関心が嵩じたことが後年の算数好き、数学好きの原点ではなかったかと思う次第です。

●数学好きの子どもに育てるには

私の経験を敷衍《ふえん》させるわけではありませんが、将来、子どもを数学好きにさせるための幼児期の教育に関しては、次のような対応が有用ではないかと考えております。

（一）日常会話のなかで、その子の理解できそうなレベルの「数」についてふれる
（二）その「数」に関して、その子のできそうなレベルの簡単な操作練習（計算）をさせる
（三）（二）がうまくいったら「誉めて」あげる

この三つのなかで、とくに（三）が重要ではないかと、私個人では考えていますが、いかがでしょうか。

医大・東大入試に敗者復活戦はない

さて、医大・東大レベルの、とくに東大レベルの「数学得意」になるためには、まず次の二つの条件が満たされていることが絶対の必要条件です。

①「計算力抜群」

②「教科書レベルの全問がスラスラ解ける」

加えて実際の受験の際には、

③「ハイレベル参考書の全問が解ける」

という条件も必要ですが、③は①②にくらべて重要度はかなり低くなります。しかし、①②なくして③はなく、逆に①②さえ充分であれば、③はそれほど難しくありません。

その、①②なくして③もなかったという例、つまり計算力が抜群どころか普通レベルでしかなく、さらに（中学レベル）の教科書の問題でさえスラスラ解けなかったため、医大受験にあたり悲惨な事態に陥ってしまったある多浪生のケースをあげておきましょう。

T君は東北地方のある小都市で、三代続いた大きな医院の一人息子でした。そのような家庭環境でしたら、どこか頼りないボンボンに育つものですが、T君は違いました。恵まれた、みずからの境遇に反発したのか、バリバリの体育会系に育ちました。

スポーツ万能で、とくに格闘技に熱中し、180センチを超える体格で筋肉質とあって「K1」に凝りました。高校を卒業すると上京し、有名格闘技家のもとに弟子入り。道場に住み込みで修業し、プロの格闘技家を目指したのです。

前座の試合程度には出たこともあったらしいのですが、二十代の半ばになり、格闘技人生に疑問を感じたのか、己の才能に見切りをつけたのか、親の説得に負けたのか、家業を継ぐ気になりました。

心機一転、予備校に通いました。高校は地元の普通レベルの公立高で、学業成績は普通程度だったようです。

志望は当然、私立医大で、予備校で3年間、頑張りました。すべての教科を高校の初歩から始めるようなものでした。数学以外の教科は、そこそこのレベルまで行けました。

私立医大の入試科目は一般に英・数・理の3科目です。配点は英語（150点）、数学（150点）、理科（2科目で合わせて200点）の500点満点が標準で、合格圏はだいたい6割前後の300点くらいです。

3年間で、英語は6割、理科（化学と生物）も5割程度は確保できるまでになりました。ただ、数学だけはそうはいきませんでした。2割から3割、点数にして40点かそこらしか、どうあがいても取れませんでした。総合して、220点から240点といったところだったでしょう。

私が勤めていた医歯大受験専門予備校にT君が来たのは、浪人して4年目のときでした。もう二十代も末、あと1年間、死に物狂いで頑張ってみようとの意気込みは、面接のときに伝わってきました。弱点の〈数学〉は正規の授業のほかに、私が個人的にも教えたのですが、結果をいうとそれでもダメでした。

●数学敗者に冷酷な医学部入試

医大入試数学のレベルは、やはり高いものです。ほとんどの問題は、センター試験の問題よりも2ランクほど上です。そのレベルの問題を試験場で解いて高得点を獲得するためには、前記①②の条件が備わっていることが、最低限の必要条件ですが、T君は①②とも充分ではありませんでした。

医大の入試数学では、最初に中学数学を基盤とする〝易問〟が5問くらい出ます。それを問題1とし、問題2以後は本格的な高校数学のハイレベル問題になります（たいていは3題から4題）。問題の構成は、「まず、易問でウォーミングアップ代わりに頭脳をほぐし、そのあとで本格的な問題に取り組むように」という親切心なのかもしれませんが、T君にはウォーミングアップどころか、初めから全力疾走しなければならないようなものでした。

その易問に手間取り、また1問くらいは解けなかったりして、ハイレベル問題にまわす時間的余裕がなくなり、結果的に「数学は3割程度、よくても4割、点数にして50点前後しか取れない」といった状況は、ほとんどの医大入試で同様であったものと思われます。

これが入試数学でなかったら、つまり時間制限がなかったら、T君は7割くらいの点数を取れるはずの学力はありました。しかし、入試数学となるとそうはいきません。試験時間は60分から長くて90分。難易度④あたりまでの易問は、ほとんど、見た瞬間に解に至る道筋くらいは思い描けなければ、6割どころか5割も取れません。

T君は中学時代にすでに数学から「降りて」しまっていました。高校でももちろんそうでした。その段階で入試数学に関しては敗者であったといえるでしょう。**いったん敗者になった者に、入試数学は冷たい**ものです。入試数学に敗者復活戦はありません。

結局、T君は数学に足を引っ張られ、3教科総合して250点以上取れた学校はひとつもなかったのでしょう。補欠合格となった学校もありませんでした。

それにしても好青年でした。宿題にも決して手を抜かず、毎回真摯に取り組んでいました。二十代の末にもなると、どこか生活が乱れたような印象を受けるものですが、そんな感じは、まったくありませんでした。十代の少年のように純真に学習に励んでくれました。

T君と別れて以来十数年が経ちます。

「いまごろ、どこで、どうしているだろう。もっとうまく指導してやれなかったのか」などと、本稿を書きながら考え込んだりしています。

本章のまとめ

①医大・東大レベルの数学力の基盤は「中学数学」である。

②中学数学の教科書レベル問のほぼ全問が「スラスラ的に解け」さえすれば、あとは努力しだいで、医大・東大に入れる。

③逆にいえば、②の条件が満たされていなければ、私立の医大はともかく、東大には、よほど努力してもまず入れない。

コラム

ある少年の東大突破作戦

本書で述べていることは、私自身の体験と、長年に及ぶ塾・予備校教師としての実践経験に基づく方法論のようなものですが、じつは「実験的協力者」ともいうべき生徒がいます。仮にK君としておきましょう。

この話は、そのK君の東大合格までの道程です。

基礎学力形成期

■小学3年生の算数を初めて指導

ある年の正月のことです。勤め先の医歯大受験専門予備校に、母親に連れられて一人の公立小学校3年生(K君)が来ました。用件は、この子に個人的に算数を教えてほしいとのことでした。

1、2年のうちは算数の評価が「よい」だったのに(小学校低学年のうちの通知表は一般に、「よい」「ふつう」「もう少し」の3段階評価)、3年になって「ふつう」に下がったため、心配していたようでした。

しかし、私は、「小学3年生なんて教えたことがありません。塾教師をしていた頃でも、中学・高校受験専門塾でしたので、教えた学年は5年生以上です」というようなことを言って、一旦は断ったのです。

ところが、その母親は、私の数学関係の著書を読んでいたようで、よほどの大家と見込んだらしく(もちろん私の数学などそんなレベルではありませんが)、「数学の本を書けるくらいなら、小学生に算数を教えるくらい簡単ではないか」というような表情です。

ただ、K君の姿・格好が私は気に入りました。当時でも珍しいクリクリ坊主で、野球少年(リトルリーグの下部組織に所属している)と言っていました。性格も素直そうです。

「自分もこの年頃のときは野球のことしか眼中になかった」などと懐かしく思い出したこともあり、「週に1回30分間、母親も同席する、3学期のあいだだけ」という条件で教えることにしました。

母親を同席させたのは、私が教室でしたのと同様なことを家庭学習で復習してほしかったからです。

方法は単純です。ひたすら教科書の復習です。

「3年生用の教科書に載っている問題の最初から、主として計算的課題を、数値だけ変えて黒板に10問くらい書く。それをK君が解いていく」

それを30分間繰り返すだけです。

母親はそれをノートに写し、同様の問題を家に帰って再復習するのです。文章題は教科書レベルのものしか学習しませんでした。

ただ、家庭学習の際は、

「計算的課題だけでよい」

「一日にする量はあまり過大すぎてはいけない。せいぜい30問くらいでもかまわない」

「計算練習の際は、（問題を解く）速さよりも正確さを優先させる」

というような留意事項は伝えておいたはずです。

2か月くらいで教科書の範囲はすべて終了し、同時に私の個人教授も終わりとしました。

あとで母親から「3学期の通知表で算数の評価は『よい』に上がった」との報告があり、その際に、こう言っておきました。

「中学受験をしないならば（しないという方針らしかった）、小学校の高学年になっても算数は難しい問題集なんかに手を出してはいけない。教科書の全問がスラスラ解けるようになればよい。それで中学レベルの数学にも充分に対応できるものですから」

■6年生で「数学の予習」は却ってマイナス

K君母子が2度目に勤め先に現れたのは、3年後のやはり正月でした。用件は3年前とほぼ同様で、「算数の評価は4年、5年の頃は5段階評価の5だったのに、

6年になって4に下がった。その補習と、できたら中学数学の予習もしてくれないか」というものでした。

しかし私は、こう答えました。

「中学数学の予習など必要ない。それより小学算数の総復習をしたほうがよい」

実際にそのようにしました。「やはり週に1回、1時間」でしたが、今度は母親同席ではありません。

指導の内容は「教科書レベルの問題集を5年、6年用の2種類ずつの計4冊を用意し、1種類は授業で使い、もう1種類は家庭学習用とし、それだけを練習」というものです。

指導が終わる頃には、ほぼ全問、スラスラと解けるようになっていました。予想どおり、3学期の通知表の算数の評価は「5」に戻りました。

K君との個人授業はその小6の3学期で終了したのですが、最後の授業のとき、こう言っておきました。

「中学へ入っても、数学は教科書と学校で副教材として使う準拠問題集の全問がスラスラ解けるだけで充分。ただ、それだけでは計算力の練習量が不足するから、計算だけ載っている問題集も使ったほうがよい。とにかく、数学だけは人に負けるな。君にはそれだけの能力があるんだから」

高校・大学受験期

■部活を続けても成績は伸びる

2年後の春休み、母親から3度目の電話がかかってきました。

今度の用件は「数学を教えてほしい」ではなく、「高校受験全般に関して相談したいことがある。できたら勤め先ではなく、どこか別のところで会えないか」というものでした。

ターミナル駅で待ち合わせ、近くの喫茶店に入りました。

K君も背丈は170センチ近くになり、母親を追い越していました。ただ、どこか、ひ弱な感じがしました。

「学校の部活は野球部に入っている、ただし、正選手ではなく内野の控えで、たまに試合に出られるレベルです」と言っていました。

席に着いて早々、母親から思いがけないことを伝えられました。

「離婚して、姓も住所も変わった（住所は都区内のマンションから三多摩地域のアパートに変わっていた）。この子と5歳下の妹は自分が引き取って育てている。仕事（パート勤務らしかった）で遅くなるときは、近くにいる祖父母に助けてもらっている」

等々といったことです。

離婚理由などの詳しいことは母親も言わず、私も聞きませんでしたが、そういえば思い当たるふしはありました。小6のときのK君の表情に、何か暗い「陰」のようなものを感じていたことです。

小3のころは元気はつらつとした印象だったのに。あのころから家庭関係がうまくいっていなかったのかもしれないと思いました。

■数学が得意なら塾も予備校もいらない

相談の内容は、K君の今後の受験勉強の進め方に関してのものでした。

「できたら、塾にも予備校にも行かせず（家計にその余裕がないためだったでしょう）、自学自習で頑張らせたい。本人もそのつもりでいる。だが、それで大丈夫なのか」というようなことでした。

通知表を見ると数学は最高レベルの5で、ほかは英と理が4、国と社は3でした。

K君に、

「数学、よく頑張ったな」

と話しかけると、

「2年前、先生に言われたように、中学へ入っても数学だけは他人に負けまいと頑張りました。学校の中間テスト・期末テストではたいてい満点を取れます」

と、少しはにかみながら答えてくれました。

母親にはこう言いました。

「数学がこれだけできたら心配ありません。塾や予備校などに行く必要はありません。それどころか、数学さえ得意であれば（他人に教えてもらうより）自学自習のほうが、却って学習効果は上がるものです。私も中2のころはこれくらいの成績でした（ただし、社会も数学と同様に抜群でしたが、そのことは言いませんでした。いまは大学の理系学部進学のためには、社会はほとんど関係しないこともあります）」

私も同じような成績だったと言われて、母親は驚いたようでした。同時に安心もしたようです。

さらにK君には、本書でこれまでに述べたようなこと、つまり「他科目は参考書による書き主体学習」「その参考書は1冊徹底学習」といったことを伝えました。

別れ際、母親が封筒を差し出しました。いくばくかの金銭が入っているようでしたが、それは断りました。ただ、断っただけでは失礼と思い、こう言いました。

「こんな商売（知識を切り売りして金銭的報酬を得ること）をしていると、ストレスがたまります。自分の行為が、それだけの価値があるのか、常に後ろめたいような思いがするものです。たまにボランティアのようなことをするのも、ストレスの解消になり、気が晴れるものです」

もっとも、まったくの無償というのも失礼かと思い、コーヒー代だけは払ってもらいましたが……。

■高校卒業後、一浪して東大理Ⅱに合格

1年後、その地域では偏差値的にはトップレベルの都立高に合格したとの報告がありました。その際、

「高校では硬式野球部に入りたいのですが」

と言うK君に、

「入ったほうがいい。レギュラーになれなくても3年間、とにかく野球を頑張れ。学校の勉強のほうは、全科目とはいかないだろうが、数学だけは人に負けるな。参考書を参照したりして、教科書と傍用問題集の全問をとにかくスラスラ解けるようになること。それから英語の授業だけは真面目に受けるように」

と言い、さらにこうも補足しておきました。

「将来の大学受験に関しては、浪人を覚悟しておくこと。数学さえ得意であれば、浪人しても予備校なんかに行かなくても、東大にでもどこにでも入れるぞ」

以後のK君については結果だけ書きます。

彼は、一浪して東大理Ⅱに合格しました。高3の夏までは硬式野球部で白球を追い（ただし、都大会で1回戦か2回戦負けの常連という弱小チームでの準レギュラーだったようですが）、あとはほとんど自学自習で頑張ったようです。

浪人が決まったとき、電話がかかってきました。その際、この本で述べていること、つまり、

「数学が得意だったら自学自習ができ、そのほうが学習効果が上がる」

「その自学自習の便宜のためには、予備校は（自習室が使える程度の）ごく少数科目を取れば充分」

「数学は1学期中は参考書で基礎固めに終始し、夏休みあたりには原典学習が必要」

といったことも話しておきました。

■勉強する環境はみずからがつくるもの

浪人中のK君が、ひとつだけ私の方針に背いた（？）ことがありました。

1学期のうちは、午前中は自宅、午後から夜にかけては予備校の授業を受けるか自習室または図書館というふうに、場所と気分を変えて学習していたようでしたが、夏休み中のある日、こんな電話がかかってきました。

「予備校の授業に何度か出てみましたが、あれくらいなら自分でできそうです。授業料がもったいないので、夏休みからは予備校のほうは完全に止めてしまいました。いま、日中は自宅と図書館、夜はネット喫茶と使い分けて頑張っています」

これには驚き、思わず、こう言い返しました。

「おいおい、そんなところへ行って大丈夫なのか」

ネット喫茶なるものに私は入ったことがなく、何やら、あやしげな、というよりは、いかがわしげなところというイメージしか浮かばなかったからです。

K君の返事はこうでした。

「大丈夫です。予備校の自習室では、まわりの連中を意識したりして気が散り、あまり集中できません。ネット喫茶だとそんなこともないので、却って能率が上がります」

私が現役（予備校数学教師）を引退して数年になります。当時の同僚や生徒からの連絡などはほとんど絶えてしまいましたが、K君からは毎年欠かさず賀状が届きます。昨年の年賀状にはこう書かれていました。

「仕事（ある大手の総合商社に就職し、生命科学関係の研究・開発部門に配属されているらしい）もやりがいがあり、順調に行っております。妹も昨春、無事に看護系短大を卒業し、ある総合病院に看護師として勤めております」

K君に初めて算数を教えたとき、妹は4歳か5歳。K君と母親が勉強している傍らで、おとなしく絵本を見ていたこともありました。たしか、K君より偏差値的には1ランクほど下のレベルの都立高に入ったはずです。

そういえばK君から東大合格の報を受けたとき、こう言っておいたことを思い出します。

「おめでとう、よくやった。だが、君一人の力ではないぞ。お母さん、それに妹さんにも感謝の気持ちを忘れてはいけないぞ。とくに妹さんは君に存分に勉強させるため、いろいろと気を遣ったこともあったはずだ（狭い2DKのアパート暮らしだったようでした）」

彼はこう答えました。

「わかっています。これからは自分が（二人の）面倒を見ます」

これは私の推測ですが、妹さんの学資は彼が出してあげたのかもしれません。

第5章

塾・予備校通いをしなくても医大・東大に入れる

「数学得意」でさえあれば塾・予備校の費用はかからない

さて、算数・数学好きになれるようにと、ここまで述べてきた学習方法を実践して、「秀才レベルの得意」に子どもがなれたとします。その場合、小学校入学以来、医大・東大合格までの教育費が総額どれくらいになるかを考えてみましょう。

基本的に、小・中・高とも公立校に在籍していると想定します。また、ここでいう教育費とはクラブ活動費や給食費などを除いた、「純粋に勉強関係だけにかかる費用」です。公立校ですから、まず、授業料や教科書代など、学校に払う学費は必要ありませんから、支出は、次の二つです。

①塾・予備校・家庭教師など民間教育機関代
②参考書・問題集など家庭学習で個人的に用いる学習書費

当然、高額となるのは、民間教育機関代のほうです。地域によっても異なるでしょうが、たとえば、安い料金の塾にしても、1か月あたり1万円程度はかかるでしょうし、ベテランの家庭教師を頼むともなると10万円前後もかかったりします。

一方、参考書や問題集など、10冊買ったところでせいぜい1万円から2万円。しかも1年間くらいは、それで間に合います。この違いは比較にならないほど大きいはずです。

算数・数学が得意であれば、とくに小・中学生のうちは、最大の支出項目となる塾・予備校の費用も家庭教師代もかかりません。小・中学生が塾など学校以外の民間教育機関に頼るのは、「算数や数学が苦手」もしくは「それほど得意でないから」というケースがほとんどです。つまり算数・数学が得意であれば、わざわざ高い費用を出して、塾に通う必要はありません。

●公立の進学校から東大理Ⅰに現役合格

教え子のなかには「数学がかなり得意」な生徒もいましたが、「きわめて得意」という生徒は、ほとんどいませんでした（私が勤めていたのは、難関校でなかったこともありますが）。「ほとんど」と書いたのは一人だけいたからです。

その生徒は、中学3年の男子でした。テストでは数学はたいてい満点近くを取れていて、授業では、いつもつまらなそうな顔をしていました。あまり退屈そうなので、時折、高校レベルの課題を取り上げたりしたのですが、そのときだけ真剣に聞いていました。

彼は、塾などに通う必要はなかったはずですが、受験期になって、まわりの友だちがみな行っているからと、親が心配して来させたようです。彼は、その地域のトップ公立高に進学し、その後、東大理Ⅰに現役で合格したと聞いています。

小学生のうちの家庭学習は「算数」だけに集中せよ

教育費を安上がりにするためにも、そして将来の医大・東大合格のためにも、何はともあれ「数学得意」になることです。したがって、その数学的能力の基盤形成の時期といえる小学生時代は、ほかの科目などは少々犠牲にしても「算数だけに特化」した家庭学習をすることが重要です。

ほかの科目なら一時的にお留守になっていても、あとになって集中して取り組めば、その遅れは取り戻せます。しかし、算数・数学だけは、主として非実感的認識能力が関係するだけにそうはいきません。いったん遅れをとったら、実感的認識能力（「生活体験」と言い換えてもいいでしょう）が発達する高学年になればなるほど、それを取り戻すのは難しいからです。

本格的に、家庭で算数の集中学習を開始するタイミングは（その実感的認識能力がまだあまり発達していない）小3あたりがいいでしょう。なにも難しい問題集やプリントなどを使う必要はありません。小学生時代は数学全体の歩みからすれば直観的能力を養う時期だからです。

その直観的処理能力養成の段階では、問題文はあまり長くないほうがいいでしょう。応用的課題でも2行か3行、長くても4行程度が望ましいと思います。それ以上に行数が多くなると、問題の意味を理解するのにエネルギーをとられてしまうからです。

長すぎる文章題では、「問題文をじっくり読んで考える」といった、論理的認識（または課題処理）が関係します。それは中学生以上の段階で、小学生の、とくに低学年生においてはまだ早いのです。

以上を満たす学習書としては、次の2冊がおすすめです。

①『教科書ドリル』（文理）
②①の他社版

①は教科書に合わせていくつか種類がありますが、小学生用の教科書はどれも内容はほとんど同じですから、どの社のものでも良いということです。それぞれ「ドリル」つまり同じようなことを繰り返すとうたっていることからもわかるように、教科書レベルの問題を多く集めたものです。

学校の進度に合わせて、①か②を1日につき1ページから2ページくらい解いていき、各学期の終わりあたりに、それをもう1度行うのです（同じ問題集を2回使うので、1回目はコピーするといいかもしれません）。その結果、授業で教科書の問題を解いた分と合わせて、同じような課題を3回練習したことになります。実際に、①②を手に取ってみればわかりますが、とても簡単そうに見えます。余裕で解いてしまう子がいるかもしれません。

だからといって、ハイレベル問題集などに手を出してはいけません。「簡単だから余裕で解ける」が重要なのです。あまり考え込んだりしないで解いているうちに、直観的処理能力が養われるからです。その段階をおざなりにすると、いずれ中学、高校へ進んでから伸びません。論理的認識（または課題処理）能力とは、あくまでも直観的認識（または課題処理）能力を基盤とし、その上部的構造として形成されているものだからです。

●ドリルがスラスラ解ければ東大も視野に入る

さきほど紹介した2冊のドリルのうち、1冊をマスターして、まだ余裕があったら、もう1冊にもトライして、2冊とも仕上げるようにするといいでしょう。もしも子どもが「なあんだ、こんなの余裕じゃないか」と言い出したら、しめたものです。そのような余裕、つまり算数に対する自信が、あとになって大きな財産になって生きてくるからです。

また、さきほど紹介した2冊とも「計算版」がありますから、それも同時に併用するのもいいでしょう。また、同じ問題を（少し、時間をあけて）、2回繰り返すべきことは、①②の本と同様です。計算練習だけはしすぎて困ることは絶対にありません。小・中学生の段階では、算数・数学に関して直観的課題処理能力のかなりの部分は、計算的能力で占められているものだからです。

小学生のうちはまだ数学（算数）の学び始めの段階です。あせってはいけません。①②のドリルが、全問、ほとんど条件反射的にスラスラ解ける、さらにそれらの計算版も、同様にスラスラ解けてミスもしなければ、充分どころか、おつりがきます。もちろん、それで間違いなく、（小学生としては）医大・東大レベルの数学力の段階に至っているはずです。

ここまで述べた学習法は、小学3年生の児童を対象として言及したものですが、それ以上の学年生に対しても（算数がそれほど得意でなかったら）有効です。4年生、5年生であっても、算数の評価が5段階評価の3や4だったら、3年生の課程あたりからやり直したほうが「急がばまわれ」ではありませんが、長い目で見れば良好な結果になったりすることが、とくに算数や数学では多いものです。4年生、5年生が3年生の課題を学習する場合なら、さきほどの2冊（どれか1種類でよい）くらい、1か月程度で仕上げられるものですから。

●中学数学の予習よりも小学算数の復習が有効

小学6年生の3学期あたりには、前述したドリルの5年・6年の2年間分を総復習しておくことが（なまじ中学数学の予習などするより）有効です。ただし、念のために言っておきますが、以上はすべて「学校の授業に適切に対応している」ことを前提にしての話です。

受験に関しては「7・5・3（または8・5・2）の法則」というものがあります。これは、学校の授業から得られる割合が、小学校では7割（または8割）、中学では5割、高校になると3割（または2割）であることを示したもので、要するに、小学生では学力の7割から8割は学校の授業で得られるもので、家庭学習などは残りの3割か2割程度しか関係しないということです。

授業をきちんと聞き、理科の観察・実験を真面目に実行し、社会の歴史年表などは時間をかけて丁寧に書き、国語の読書感想文の提出も毎回怠らない……といったように、学校の授業に真摯に対応していることが絶対の条件です。

学校の授業で基礎的学力を充分につけ、それを補うために、もしくは、プラスアルファ的効果を得るために「ドリル類」で家庭学習をするということです。授業があくまでも主体であり基盤です。学校の授業に真剣に対応していなかったら、たとえば算数の場合、問題集を何冊も仕上げたところで、「教科書レベルの全問がスラスラ解ける」、つまり「直観的課題処理能力は充分」という段階に、なかなか至りません。

ほかの科目は、その「授業に真面目に対応している」でいいでしょう。家庭学習用の教材としては、社会と理科に関してだけ、授業の際の「下調べ」用として、次の2冊の事典がいいでしょう。

③『小学社会科学習事典』〈文英堂〉
④『小学理科学習事典』〈文英堂〉

ことわっておきますが、あくまでも「下調べ」です。あるいは、授業でわからないところがあったり、もっと深く知りたい事項があったりしたときに参照するのもいいでしょう。

さて、ここまで紹介した本の費用ですが、①②とも1冊600円平均で、1学年に4冊購入したとして、4学年分で16冊となり、計1万円前後です。③と④は、1冊2500円くらいですから、総額にして1万5000円程度で済みます。

中3の受験期以外は「数学主体」の家庭学習で充分

中学生も、中3の受験期までは、家庭学習は「数学主体」でいいでしょう。使用する教材としては「準拠問題集」が好適です。教科書に〝準じて〟つまり教科書の例題や練習問題と同じようなタイプ、同じ程度の難易度の問題ばかり多く集めたものですから、教科書レベル問題の練習には最も適しているといえます。

たいていの中学では授業の副読本として使っているはずですから、それを学校の進度に合わせて1度、定期テストの前に、もう1度と繰り返しておけば、授業の分と合わせて同じような課題を3度学習することになります。

ただ、準拠問題集だけではやはり計算練習が不足します。それを補うためには、もう1種類、次に掲げる問題集（学年別になっています）を併用したほうがいいでしょう。それによって、間違いなく「教科書レベルの全問がスラスラ解ける」ようになります。

⑤『定期テスト対策・3ステップ式標準問題集』（受験研究社）

準拠問題集や⑤の標準レベル問題集のほぼ全問が、「スラスラ解ける段階」にまで達すれば、中間テストや期末テストなどの校内テストはいうまでもなく、たいていの模試でも高得点が取れます。そしてそれは、間違いなく医大・東大レベルの数学力にも至っているということです。

ただし、中3の受験期にもなると、やはり、さきほどの2冊の問題集だけでは間に合いません。公立高校入試では、単なる高得点ではなく、〝満点〟を獲得する必要があります。

公立高校入試は、将来の大学入試のための「通過点」にすぎません。その通過点において〝満点〟をとった、つまり山登りでいえば、〝頂上〟まで行けた場合と、そうではなく、たんに頂上の近くまで行けた（高得点をとれた）では、達成感、もしくは数学に対する自信が違います。その達成感や自信が、大学受験の際、大きくものをいうからです。

しかし、満点を取るために適切な「公立高受験生向けの学習書」が、じつは、あまりありません。その場合、中3の夏休みあたりからは、次に掲げる問題集を使ってもいいでしょう。

⑥『全国高校入試問題正解』(旺文社)

この問題集に載っている「公立高数学編」だけ、時間をはかって練習するのです。ただ、同書は中学の全課程からの出題ですから、1学期終了の段階ではまだ履修していない項目もあります。そのため、夏休みの前半で未履修の項目を独習し、後半あたりから⑥に入るようにするのがベストです(それまでに「数学得意」になっていられれば、中3の2学期分くらいなら、10日もあれば済ませられるものです)。

●中2までは「数学の貯金」をする

中学に入学してから、2年生までは「数学主体」でかまいません。ほかの科目は中3の受験期に集中的に学習するだけでよいでしょう。数学の「貯金」があったら、ほかの科目は1年間もあれば、充分、公立高入試で高得点を取れる程度のレベルにまでなれます。

ただ、その場合でも、「参考書の書き主体による1冊徹底学習」が絶対の条件です。薄っぺらな問題集類では教科書の基本事項の再確認がせいぜいで、それ以上の段階にはなかなか到達できないからです。そのような参考書としては、次に掲げる本のシリーズがベストです。

⑦『学研パーフェクトコース』(学研)

このシリーズの4冊（英語・国語・理科・社会の4冊。数学は必要ない）を常時、手元におき、授業の進みぐあいに合わせ、学習している事項を辞書代わりに調べて、受験期にはそれらでもう一度「1冊徹底学習」をします。それさえ、きちんとできていれば、公立高入試で、国語以外は9割程度を間違いなく得点できるでしょう。

中学レベルの国語の学習法については、申し訳ないことに筆者にはわかりませんので、他書を参照していただきたいと思います。国語では校内テストを含むたいていの試験で8割以上取ったことはあまりなかったはずですが、6割以下ということもありませんでした。国語はその程度で充分で、あとは数学と理科・社会で稼ぐ、そして、その3科目は高校入試では満点だったと記憶しています。

英語も好きではなかったものの、数学の学習法を援用して9割近くは取れたはずで、このスタンスは、私の場合、高校・大学入試を通じて一貫して変わらなかったのです。

なお、中学時代に、このような「参考書主体学習」を経験しておくことは、将来の医大・東大受験のためにも有益です。教科書や問題集類からの断片的知識だけでなく、ある程度ボリュームのある参考書をじっくり読んで、自分なりに整理し、理解し、より総合的かつハイレベルな知識を獲得する訓練をしておくことが、3年後の大学受験の際に、大きくものをいうからです。その意味でも、さきほどの4冊の参考書は、すべてのページを読破し、国語以外は「書き学習」により、全項目に精通していることが望ましいでしょう。

さて、学習書にかかる費用ですが、⑤は1冊900円、⑥は6000円、⑦は1冊2800円程度ですから、合わせて2万円くらいで済みます。

高校3年間の教育費が3万円でも東大・医大に入れる

高校数学の場合、通常学習で使用する学習書としては、まず「傍用問題集」が適切です。たいていの高校では授業の副教材として使っているはずですから、基本的にはそれで充分です。それらの副教材は、だいたい教科書レベルですから、その全問があまり時間をかけなくても解けるようになれたら、教科書レベルの全問がスラスラ解けるという学力段階に達したとみてよいでしょう。ただし、高3の受験期にはもちろん、傍用問題集では間に合いません。ある程度、ボリュームのある参考書の「1冊徹底学習」が必要です。それに適切なのが、次に掲げる参考書などです。

⑧『チャート式・解法と演習』(数研出版)

ことわっておきますが、「など」で、ほかの参考書類でもよいということです。各自の感覚に合わせて、使いやすい参考書を探せばよいのです。中学レベルで数学得意になっていれば、自分に合った参考書を選ぶことも容易なはずです。

理系はそれら3冊（「数Ⅰ・A」「数Ⅱ・B」「数Ⅲ・C」と3分冊になっているのが使いやすい）の全問を、前述したように、まず「スラスラ解ける」ようになり、さらに受験直前期には、最新のタイプの問題練習のために（参考書類の問題は一般に古い。10年以上も昔の問題が多い）、問題集を活用します。

⑨『数学Ⅰ・A・Ⅱ・B入試問題集〈理系〉』（数研出版）

と、その姉妹書ともいえる『Ⅲ・C』編を仕上げることができれば、数学に関しては地方国公立大（医）にも、私大（医）にも充分に届き、東大にも、その「近く」までは行けます（なぜ「近く」としたのかは後述します）。

ほかの教科のうち、理科は対応法・学習法は数学と同様でいいでしょう。やはり教科書と学校で授業の副教材として使っている「総まとめ的問題集」を、通常学習の主体とし、受験期には各自の感覚に合った参考書の「1冊徹底学習」をするということです。

●理系のための「社会・国語・英語」対策

社会と国語は、理系の場合、家庭学習用の教材が基本的には必要ありません。中学生で「数学得意」であれば、その地域のトップ公立高か、二番手校には入れます。当然、そうした高校の多くは進学校で、優秀な教師もそろっています。ふだんの授業を真面目に受けてさえいれば、受験レベルの学力は充分につきます。

社会はセンターだけですし、国語も配点が低いですから、学校の授業だけで合格に必要な点数を獲得するのはそれほど難しいことではありません（ただし、センター試験は出題形式が独特ですから、それに慣れるためにも直前期には過去問練習が必要ですが）。

ただ、英語だけはいくら公立トップ高であっても、教科書と学校の授業だけで充分というわけにはまずいきません。英語は「ことば」です。「ことば」は、できる・できないは、基本的にはそれに接した時間に比例します。授業以外にも、家庭学習などで、ある程度の学習量をこなさなければ、試験場で医大・東大の膨大な問題量に対応するのは困難です（東大にかぎらず地方国公立大（医）も私大（医）も、英語の問題量は多い）。受験期には「単語・熟語」「文法」「作文」「解釈」「長文読解」と、分野別の参考書類を、家庭学習において5冊くらいは仕上げておく必要があります。

これらは理系の受験生についてですが、東大文系の場合は、さきほど述べた科目のうち、理科が社会と入れ替わります。また、国語の配点が高くなりますから、国語についても「現代文」

「古文」「漢文」と、分野別の参考書類が、最低限、それぞれ1冊くらいは必要になります。

それでも費用を計算すると、理系の場合、⑧は1冊2000円、⑨は1300円程度です、数学だけで9000円弱、ほかの科目は、理科の参考書が2冊で6000円弱、英語は1冊平均が1400円として、5冊で7000円、合わせて、二万数千円です。文系はもう少し高くなりますが、それでも総額にして3万円以内で済みます。

なぜ「原典学習」が東大入試にきわめて有効なのか

ここまで述べてきたような学習書作戦を実行すれば、地方の国公立大（医）にも私大（医）にも届きます。しかし、東大に関していえば、その近辺にまでは行けても、「確実に入れる」までには至りません。特別に優秀な受験生ならともかく、ふつう程度の才能の持ち主では東大にまで到達するのはまず無理です。安定して東大レベルに達するためには、もうひとつ上の段階の学習が必要になります。それが、「原典学習」です。

そもそも、私たちは、何のために勉強をするのでしょうか。

教科書や問題集などに載っている問題を素早く、正確に解ける能力を養うためではありません。そんな能力など、どんなにあったとしても、学校を卒業してしまえば何の意味もなく、何の役にも立ちません。**勉強をするのは、それによって得られた知識や学力を用いて、社会全般の事項を理解・吸収し、その発展に寄与するため**です。

大学入試についてわかりやすく言うと、高校の課程を「通過点」として捉えられる学力と能力の持ち主を求め、その意図に沿った出題をするということです。わが国における全大学のリード役を自負する東大は、とくにそうです。

したがって、高校の課程でしか通用しないような狭い知識や、発展性のない方法で解けるような問題はまず出しません。一部の受験用学習書にしか載っていないようなテクニックを使えばラクに解けるような課題も、もちろん出しません。

英語や国語のような文系科目をみてみると、出題意図が、よりいっそう鮮明になります。

東大の英語や国語の学習法については、昔からこのようなことが言われております。

「原典を読め」

ある程度の基礎学力がついたら、参考書や問題集などのような学習書から離れ、英語なら英字新聞や英文の小説・エッセイなどに、国語なら一般社会での硬い評論文や原文の古典などに直接あたれという意味です。

●東大入試の出題意図とは

原典学習は、「かなり有効」というよりも「間違いなく有効である」といっていいでしょう。もし、効果がなかったというケースがあれば、それは「基礎学力が充分でない段階で原典学習に入ってしまったため」であることがほとんどです。ある受験雑誌に、次のような合格体験記が載っていたように記憶しています。

「英語がどうも伸びない。予備校の全国模試のような、こまかい知識を主として問うタイプの試験は良いのだが、東大の問題になると歯が立たない。秋の東大模試では、英語の偏差値は40程度しか取れなかった。半分ヤケになって、以後、英語は参考書や問題集などにはいっさい手を触れず、英文の小説やエッセイのようなものばかり読み耽っていたら、本番では意外にもスラスラ書けて合格」

じつをいうと、私もそのケースの一人です。ただし私の場合、英語だけでなく、国語についてもこのような原典学習をしたのですが……。

苦手な英語と国語では、秋以降は参考書や問題集をほとんど開かず、英語は『荒野の呼び声』『月と六ペンス』のような小説や評論を、国語も『更級日記』『平家物語』『孟子』のような、ある程度の厚みがある原書や原典ばかり読み耽っていました。『徒然草』も『枕草子』も原典で全文読みました。

はじめのうちは、「英語は辞書を引きながら」「古文や漢文は注釈を見ながら」でしたが、読み慣れたら、そうした「助け」をあまり借りずに読めるようになり、だいたいの意味がわかるようになりました。受験直前には「ジャパンタイムズ」のような英字新聞も、辞書なしでほとんど読めて、おおよその内容がわかるようになりました。結果として、受験では、英語・国語ともに7割前後は取れたと思います。

英語や国語で、こうした原典学習が有効なのは、それが東大の出題意図である「高校の課程を『通過点』として捉えられる、つまり高校までの学習によって得られた知識を用いて一般の文献や文書を読みこなせる能力や学力の程を測る」という条件にうまく合致しているからです。

●数学にも「原典学習」がある

もちろん数学も同様で、「原典学習」が有効です。ただし、数学では英語や国語などと同じようなかたちでの、高校生にでも使える「原典」といったものは存在しません。

高校生にとっては「原典」ともいえる大学レベルの数学書を学習したところで、無意味とはいえないにしろ、かかる手間とヒマのわりに得られるものはそれほど多くありません。つまり、数学では、英語や国語のようなかたちでの「原典学習」はできません。ただ、それに代わるものはあります。それがZ会の東大コースや、東大受験専門塾の数学の問題です。

それらのほとんどは市販の学習書類に載っている問題より難易度にして1段階も2段階も上の、図表5（51ページ）の難易度分類でいえば8〜10レベルの難問です。それで充分、東大数学のための原典学習になります。

例年、東大の、とくに理系では、合格者の6割前後が、Z会や東大専門塾の在籍経験者で占められている理由も、このあたりにあるのでしょう。ただし、英語や国語の原典学習も、数学のZ会や東大専門塾も、ある程度以上の基礎学力があってはじめて役に立つものです。

数学についていえば、その基礎学力とは、「市販の参考書類のほぼ全問がスラスラ解ける」というレベルです。その条件が満たされていなければ、（Z会の問題などに）いくら時間をかけて取り組んだところで、それほどの効果は期待できません（そもそも解けるものではありません）。

公立高校の出身者諸君、「浪人」はすべきである

公立の高校生が在学中に、「参考書類のほぼ全問がスラスラと解ける」という学力段階まで到達するのは、かなりたいへんです。公立高の場合、一般的に高3の2学期末あたりにようやく数Ⅲ・Cが終わるというカリキュラムがほとんどだからです。そして、それから受験までの2か月ないし3か月で、数Ⅲ・Cの学力を参考書レベル以上に高めることは、まず不可能です。数学得意どころか、数学秀才それも超的秀才でもなければ難しいでしょう。数Ⅲ・Cは、数Ⅰ・

Aと数Ⅱ・Bを合わせたくらいのボリュームがあるからです。

難関とされる国立・私立の進学校の多くは、高2までで高校数学の全課程を終了させます。そして、高3の1年間は独自の教材によって、さきほどの「参考書がスラスラと解けるための原典的学習」を行っています。

今日、東大の、とくに理系最難関の理Ⅲ（医学部進学課程）合格者の多くが、それら難関国私立進学校出身者で占められているのはそのためでしょう（2013年度についていえば、全合格者100名のうち94名までが、そうした進学校の出身者でした）。それに対抗するために、私は公立高生には浪人することを勧めます（自分が浪人経験者だから言うわけではありませんが）。

そもそも高校時代といえば、さまざまな方向に揺れ動いたりするのが普通です。スポーツや芸術・芸能など、勉強以外のクラブ活動や個人的趣味に打ち込んだりしたくなる時期です。

高3の夏あたりまでは、そうした「非勉強的行為」に没頭し、学校の勉強のほうは少々お留守になっていても、中学までの学力面における〝貯金〟、とくに「数学」の貯金が充分であれば、以後の1年半（浪人生活も合わせて）の集中的学習で、その「遅れ」など簡単に取り戻せます。

加えて浪人経験には次のようなメリットもあります。
（一）ある程度、長期間にわたり、みずからの知的能力を最高度に発揮させる行為に集中することにより、その「みずからの知的能力を最高的に発揮させるための方法論」とでもいうようなものを感得できる。

（二）現役時の学力では到達できなかったレベルの大学に進学できる。

とくに（一）の効用が大きいものです。

●「大学合格」はゴールではない

大学合格は人生における最終的目標ではありません。それから先にもさまざまな関門が待ち構えています。その関門のうち、知的状況に関するそれを突破するにあたり、（一）が有効的に作用することは、次に紹介する二人の元公立高生の人生行路をくらべてみてもわかると思います。

A子さん……難関国立大を目指して1年間浪人。しかし、結果的には合格できず、Aランク私大法学部に入学。4年後、公務員試験に挑戦して合格。現在、ある政令指定都市の公務員として勤務している。プライベートでは、同じ職場の同僚と結婚し、一児の母として、子育てに、仕事にと、充実した日々をおくっている。

B君……………現役時、地方国立大理系学部の前期試験では落ちたが後期で合格。そのままその大学に入学。4年後、A子さんと同様に公務員試験を受けたが、ひとつも合格できず、現在は臨時の派遣社員の身。独身。

A子さんというのは、「東大文Ⅲを目指して1年間浪人したものの、センターで足切りされた女子」ですが、彼女は結局、公務員試験を三つか四つ受けて、すべて合格したそうです。これは、浪人経験により、前記（一）的方法論を感得し得たことが大きかったのではないでしょうか。一方、B君はその逆です。

この二人は私の知人の娘や息子です。どちらも子どもの頃から知っています。知的能力において、B君のほうが劣っているとは思えません。それどころか、現役で国立大後期試験合格とは相当以上の知力の持ち主です（国公立大の後期試験は一種の知能テストのようなものです）。つまり、二人の差は、浪人経験のあるなしの差によるところが大きいと考えられるわけです。

「数学得意」であれば医大・東大合格までの教育費は月々1000円程度

ここまでに述べてきたことを「教育費」という観点から見直してみましょう。つまり「数学得意」になっていた場合、医大・東大に合格するまでに、どれだけの費用がかかるかという話です。それをまとめたのが図表14です。

図表14　東大合格までの全教育費概算

①小学生時代　「1.5万円」程度。
②中学生時代　「2万円」程度。
③高校生時代　「3万円」程度。
④「原典学習」と「浪人時代」を合わせて「10万円」程度。

現役生は①+②+③+④の「原典学習（1万円程度)」を合わせて、「6万〜7万円」。浪人生はこれより「7万〜8万円」多くなって、総計「15万〜16万円」。

この表で①②③については、これまでに詳述しました。問題は④ですが、④のうち「原典学習」は、Z会や東大受験専門塾に在籍しなければできないというわけではありません。

英語や国語は一般社会で流通している文献類、英語なら英字新聞や「タイム」「ニューズウィーク」のようなアメリカで発行されている硬い新聞や週刊誌、英文の小説やエッセイなどでもかまいません。国語だったら『源氏物語』『蜻蛉日記』『十八史略』などの対訳でも充分に、その用が果たせます。

数学も『大学への数学・新数学演習』（東京出版）が、かなりの程度で、その代用になります。それらは1冊平均1000円として、10冊購読したとしても1万円ほどで済みます。

浪人するとしても、「数学得意」であれば、費用はそれほどかかりません。そもそも「数学得意」者は「聞いて覚える」もしくは「誰かから教えてもらって覚える」ことは不得手なものです。数学とは本来、自学自習を旨《むね》とする学科であり、学問であるからです。

●そもそも数学とはどんな科目なのか

数学は、まず、自分自身で丁寧に（数学書などを）読み、（時間をかけて）考え、（じっくりと）問題を解き、その結果としてようやくわかる事象です。それは、数学の取り扱う対象が主として〝非体験〟、すなわち「非実感」的事項であるためです。国語などのように、聞いて、もしくは何かを教えられて、すぐ、つまり、みずからの体験などから関連する事項などを思い出し、それに結びつけたりして、たちどころに理解することなどできません。

「非体験」や「非実感」を、いわば「仮想的体験や仮想的実感」に昇華させて、ようやく、国語などのような理解に近いレベルになれるのですが、それまでには時間がかかります。講義を聴いて、すぐに理解することなど、数学のレベルが高くなればなるほど難しくなります。

たとえば大学数学科では、ある段階以上になると、教師が講義などしません。学生に課題を与え、それをいつまでに（自分で数学書を読んで理解して）解いてくるようにと指示するだけです。つまり「数学得意者」は、聞いて覚えるような頭脳構造になっていないということです。

高校時代は野球づけ生活だった私も、学校の授業など、ほとんど聞いた覚えはありません。浪人時代も、ある大手予備校に籍はおきましたが、数学も含めて授業に出席した記憶がありません。すべて参考書などによる自学自習でした。

しかし、「数学得意者」であれば、浪人しても予備校は（自習室を利用するためと試験を受けるために）ごく少数の科目だけとり、つまり、年間の費用をせいぜい数万円程度に抑えることが可能であり、また、そのような自学的学習のほうが、より効果が上がるというものです。

●裕福な家庭に育たなくても医大・東大に入れる

さて、教育費の話に戻りましょう。

これまで述べてきたことをまとめると、小学校入学以来、医大・東大合格までの教育費は（数学得意者であれば）、せいぜい15万円から16万円といったところです。小学校から高校卒業、そして、1年間の浪人まで、合わせて13年間もありますから、1年にすれば、1万2000円から1万3000円ほど、つまり、月々、わずか1000円程度です。

ひところ、経済アナリストの森永卓郎氏が「年収300万円時代」といったことがありますが、たとえば、年収300万円だったとしても、支出可能な金額でしょう。

ところが、受験の世界では、次にあげるようなことも言われています。

「保護者が裕福でなければ東大には入れない」

しかし、保護者の収入が高いことが東大合格の絶対的な必要条件でないことは、すでに述べたとおりです。

教育費とは、たとえていえば医療費のようなものです。

医療費は、病弱な人ほど多くかかります。また、とくに病弱でなくても、裕福な人は（予防的目的もしくは健康状態の維持のため）、やはり、多くかけることもあります。

一方、健康体の人は、ほとんど医療費をかけなくても済んでいます。70歳や80歳になっても医者要らずで、年間の医療費など1万円もかからないという人もおります。

これまで述べてきたように、数学得意者であれば、ほかの科目にも好影響を与えて、得意とまではいかないにしろ、少なくとも試験で合格に必要な点数を取れるほどのレベルにはなれます。人間の身体的状況にたとえていえば、各部位ことごとく、とくに支障がなく、きわめて健康体のようなもので、医療費と同様、教育費も少なくて済むということです。

数学得意であれば「医大や東大理Ⅰ・理Ⅱはもらった」も同然

ここで、「数学得意者」が東大理Ⅰ（工学部進学課程）・理Ⅱ（理学部・農学部進学課程）を受験する場合、どのくらいの合格可能性があるかを試算してみましょう。

まず、数学の偏差値は最高レベルの70としましょう。

英語・理科にもそれが相当程度、波及しますから、65あるいは66くらいになれます。社会も同じ程度になれるものですが、東大理系の社会はセンターだけで、どうしても手を抜きがちですから偏差値を60と想定しましょう。

国語も同様に古文や漢文はともかく、現代文はほとんど「捨て」というスタンスでいたりしがちですから（筆者がかつて勤めていた医歯大受験専門予備校にアルバイトに来ていたある東大理Ⅰ生も、現代文は、とくに学習したことがないと言っていた）60としておきます。

センター試験で、数学は満点の200点は確実に取れます（センター数学はほとんどが計算的課題です。センターで計算ミスをしているレベルでは偏差値70にはなれません）。英語・理科もそれに準じて9割程度、すなわち180点くらいずつは見込めます。

国語、社会はそれぞれ偏差値どおり、平均より少々上の7割で、国語は140点、社会は70点としておきます（社会は1科目で100点満点）。ここまでの試算で、センター試験での合計点は770点となります。

過去5年間の東大理Ⅰ・理Ⅱの、センター試験での足切り点で最高点は、2011年度の理Ⅰの770点ですから（前年の理Ⅰ足切り点は600点台と異常に低かったため、その反動で、2011年は、とくに高くなったもの。例年は750点以上にはまずならない）、一次は突破できます。

二次に臨むにあたり、センター試験の得点は「90分の11」に圧縮されますから、「持ち点」は、94点となります。

東大理系二次の配点は、英・数・理（2科目）それぞれ120点ずつ、国80点の合計440点です。過去5年間のセンターと合わせての合格最低点は理Ⅰ・理Ⅱとも、2012年度の327点ですから、安定的合格圏は330点とみてよいでしょう。

英と理は、東大二次で最も安定して得点が見込める科目です。どちらも偏差値どおりの得点の7割弱として両方で160点が取れます。国語は半分として40点は取れます。

この時点で、センターと合わせて294点ですから、あと36点足りません。

●数学を制する者が東大二次を制す

最後は、「数学で、どれだけ得点できるか」です。

数学は、120点満点ですから、その3割の36点くらいは余裕で取れると読者は思われるかもしれませんが、なかなか、そうはいかないのです。

かつて東大の受験に関して、次のようなジンクスがありました。

「全国模試でのトップは入れない」

全国レベルの模試でトップ、つまり全科目の偏差値が最高レベルの70以上あっても合格できなかったりするということです。

合格できない原因のほとんどは、数学で失敗するためです。数学、とくに理系数学は、全問が教科書どころか参考書類のレベルを超えた難問ぞろいで、最高的偏差値の持ち主でも試験場では（あまりの難しさに）度を失ったりして、1題も解けなかったりするからです。もっとも、これは例外的な事例です。

偏差値が70もあり、加えて「原典学習」までしていたら1題くらいは何とかなるものですし、ほかの問題から部分点を稼いだりして、3割や4割程度の点数は獲得できるものです。というわけで、「数学得意者」は、まず間違いなく東大理Ⅰか理Ⅱに合格できることになります。

●医大合格は数学次第という根拠

地方国公立大（医）の入試システムは、東大理系とほとんど同じです（ただしセンター試験の比重は一般に東大より高い）。

二次試験の科目数、配点などもほぼ同様で、問題そのものの難易度が東大のそれより2ランクか3ランク低いだけです。したがって、前述した東大対策から「原典学習」の段階を除いた学習法で、だいたいは間に合います。ただし、東大理Ⅲは数学に加え「国語も得意」という条件も必要になります。

そのため、センター試験で50点くらい、二次で40点くらい、それぞれ上積みが見込まれた合格点（センター試験では800点程度、二次では380点程度）に達するものです（理Ⅲの友人で「高校までのたいていのテストは、数学だけでなく国語も満点以外とったことはない」という強者がいました。国語劣等生の私には信じられません。昨今でも理Ⅲの学生は、東大以外の大学の入試数学なら、京大だろうとどこだろうと、すべて満点を取れると豪語しているらしい。これも信じられません）。

本章のまとめ

①数学得意者は、参考書などによる「自学自習」ができ、またそのほうが学習効果が上がるものである。

②数学得意者は、（自学自習ができるから）塾・予備校通いは必要ない。

③数学得意であれば、（浪人しても）小学校入学以来の全学習費用十数万円で、医大・東大に入れる。

おわりに

医大・東大の門は広い

これからは日本も世界も数学が〝儲かる〟時代

コストパフォーマンスという経済学用語があります。日本語では「費用対効果」と訳します。投下した資本に対して、どれだけの利潤をあげられたかという指標を意味します。もちろん、その割合が高ければ高いほど、経済的行為としては成功したといえるでしょう。

その費用対効果という観点でいえば、わが国の大学受験生において、数学のそれはきわめて大きいといえます。これまで縷《る》々《る》述べてきましたように、「数学得意」にさえなれれば、全投資費用十数万円で医大にも東大にも入れるのですから。

それによって得られる利潤、つまり「儲かる金額」を試算してみましょう。

まず、東大です。大体は大手企業の管理職くらいにはなれます（私のような落ちこぼれもおりますが）。生涯に得られる賃金・退職金・年金の総額は6億円程度にはなります。

医大だったらもっと稼げます。医者に定年はなく70歳くらいまでは働くことができますし、また税制も優遇されていますから、生涯賃金は10億円前後に達するものと思われます。

ともかく、現代は「数学は儲かる」のです。しかも、それだけ稼げる身になるにしても、確率的に考えた場合、それほど難しいことではありません。

今日、医大・東大の入学定員は合わせて約1万2000名（東大約3000名、医大（私大も含む）約９０００名）に対して、18歳人口は約１２０万人ですから、確率は１００分の１、つまり、１００人に１人は、医大か東大に入れるということになります。

それは、数学以外の科目を得意として、その能力によって生涯にそれだけの収入が得られる身になることにくらべたら、確率的にははるかに容易であるといってよいでしょう。

●国語が得意でも数学得意者ほど稼げない

たとえば「国語得意」により、作家になるケースです。

流行作家になり、生涯において同じく自由業である医者ほど（10億円程度）稼げるのは、ひと年代に１人いるかどうか。確率的にみて、１２０万分の１以下でしょう。

昨今、その「国語得意者」でテレビの売れっ子タレントになり、生涯の獲得収入おそらく10億円には達すると思われる予備校講師もいるようですが、彼は東大出身ですから、「国語的能力だけ」でそれほどの売れっ子になったわけではないでしょう。

「理科得意」「英語得意」「社会得意」では、その科目の能力「だけ」により、「数学得意」と同じくらいに稼げるのは、ほとんど不可能的といってよいと思われます。

かつて十数年ほど前、「英語得意者」で前述者と同様、テレビの売れっ子タレントになり（「金ピカ先生」とか言われました）、やはり生涯における獲得収入10億円は下らないと噂された予備校講師がおりましたが、いまは英語得意者など掃いて捨てるほどいます。

現代は数学以外の科目で、それが得意であることが直接的に作用して（数学得意者ほどの）高収入を得ることは、よほどの幸運にでも恵まれなければ難しいと言ってよいでしょう。

●スポーツや芸術で食べていけるのは、ひとにぎりの人

実技的科目が「得意」なことにより、医大・東大合格者ほどの高収入を得られる確率は、勉強的科目得意者よりいくらか高くなります。

その代表例は「野球」でしょう。ただ、野球で同じく自由業である医者ほどの生涯収入約10億円を得られる選手は、ひと年代につき5人、6人程度のものです。高校球児はひと年代あたり5万人ほどいますから、割合としては1万人に1人。数学得意者（になって医大・東大に入る場合）より確率は100分の1でしかありません。

野球以外のプロスポーツで、生涯収入10億円を稼げるのはサッカーとゴルフくらいのものでしょうか。しかし、それに該当する選手はひと年代で1人いるかどうかといったもので、野球よりさらに確率は低くなります。

実技系のほかの科目、すなわち「音楽」「美術」「技術家庭」にしても同様です。その能力が直接的に作用することによってだけでは、生涯収入10億円どころか、その数分の1も得ることは難しいでしょう（歌手やテレビタレントのような芸能関係は除きます）。しかも、それら実技系科目により高収入を得るためには、きわめて特殊な才能を必要とします。

野球で、投手なら150キロ近い速球を投げる能力の持ち主でなければ、打者ならその速球を（球種がわかっていたら）確実にミートできるほどの身体能力の持ち主でなければ、プロとして通用しません。サッカーでも100メートルを11秒台以下で走れる脚力がなければJリーグ選手にはまずなれないでしょう。

「音楽」「美術」にしても同様、それが得意なことにより、高収入とまではいかなくてもふつう程度の収入を得られる身になるためには、衆人とは隔絶した特別な「才能」を必要とします。

医大・東大に入るためには才能1割、馬力9割

医大・東大に入るために、特別な才能などは必要としません。

たとえば東大合格に関しては、昔からこのようなことがいわれております。

「才能1割、馬力9割」

この言葉には、二つの意味があります。

ひとつは、全入学者のうち、「才能」が、とくに優れていたことが作用して合格できた者は

1割程度しかいない。そして、もうひとつは「馬力」つまり努力・気力・根性などによって入れたというような意味です。

実際、私が入ったとき、入学式での学長訓示は次のようなものでした。

「もう一度試験をしたら、このなかの上位1割は確実に受かる。下位1割は確実に落ちる。残る中間層は、半分が受かり、半分は落ちる」

学長氏(もう半世紀以上も昔のことですから、名前を思い出せません)の言わんとするところは「このなかで本当に優秀なのは1割程度しかいない。君たちの大部分は、その他大勢の『普通程度の能力者』にすぎないのだから、東大に入ったからといって浮かれてなどいないで、今後も刻苦勉励に努めよ」という意味だったでしょう(私などは「その普通かそれ以下組の一人」にすぎないと、日をおかずして思い知らされましたが)。

ともかく、才能的に優れていることが、とくに作用して合格できる者は、全体の1割程度しかいないということです。

はたして、実際に、そうです。数学についていえば、「原典学習」どころか、「参考書学習」さえも省略し、「教科書と傍用問題集だけの学習」で、理系数学全6問完答という、恐ろしいほどの数学得意というよりは超的秀才も、相当数いることは確かです(クラスの中には高校数学など余裕で終了し、高校時代に大学レベルまで独習している者も少なからずおりました。もちろん、そんな連中は現役で悠々合格していましたが)。

ただ、そのように才能が、とくに優れていることが作用して合格できる者は、全体の1割かそこらのもので、ほかは馬力、つまり知的能力以外の要素によって入れたにすぎないという意味です。

●「才能1割、馬力9割」のもうひとつの意味

もうひとつは、その「馬力による合格者」にしても、個々人の学力形成にあたり、才能的要素が占める割合は全体の1割程度にすぎず、残りの9割程度は真の意味での「馬力」つまり、気力や根性、継続的に努力できる能力といった非知的要素によって占められているというような意味です。

そしてその「馬力」によって東大（もちろん医大も）の門を突破するための最も効率的、かつまた費用的にも安上がりで済む学習法は、小学校時代から中学校の2年生あたりまでは算数・数学学習に集中し、何よりもまず、中学生のうちに「数学得意」になることです。

さらに、以後の受験生時代には、その「数学得意」によって得られた労力的・時間的余裕を他科目にまわし、また、数学得意になるための学習法を他科目にも援用し、それらを集中学習することなのです。

コラム

東大への道

■計算力だけは自信があった

私は小学校の低学年のときから、算数の、とくに計算が得意でした（なぜそのようになれたかについては「あとがき」で述べます）。数を操作するのがきわめて速く、しかも正確でした。つるかめ算や過不足算のような文章題なども、適当に数値を当てはめたりして、当てずっぽう的に素早く解き、テストでは常に満点か、それに近い点数を取っていました。

中学へ進んでもその「計算力」がものをいいました。中学数学は「数と式の計算処理的能力次第」といってよいものです。定期テストで数学はほとんど満点。ただし、ほかの科目はそれほどでもなく、東北の寒村というレベルの低い学校でしたが、校内のテストでは総合点でクラスで1番になったことは1度もありません（個人情報保護法などなかった昔は、テストの成績は10番くらいまで教室内に貼り出されていたものです）。

高校の受験勉強は中3の2学期から始めましたが、勉強開始時の学力的偏差値は、主要5科目のうち数学は75程度でしたが、ほかの科目は、社、理、国、英の順に低く、最も良い社が65、低い英で50程度、総合して62か63くらいだったでしょう。

それでも、受験期に数学を学校以外で勉強する必要がなく、その時間をほかの科目にまわせたことで全体の偏差値は上がり、受験時にはおそらく、総合して70を超えていたはずで、県内でもトップの公立高に入れました（昔の公立高入試は内申書は関係なく、選抜テストだけの一発勝負だった）。

大学受験時もその「流れ」で行けたといっていいでしょう。高校では硬式野球部に所属して甲子園目指して、野球づけの毎日で、勉強のほうは「ほとんどお留守」

でしたが、中学時代の「貯金」、とくに数学の貯金が大きかったことが東大合格の最大の理由だったでしょう。

■最悪だった「英語環境」

じつをいうと、私は英語について、あまり語る資格はありません。試験で点数は確かに取れました。東大二次でも7割前後は取れたはずですから、学力的には相当のレベルだったのかもしれません。しかし、すべて我流の、受験のためというよりは、志望する学校の試験で点数を取るためだけの学力と学習法にすぎず、おそらくは他人に云々できるものではないからです。それは私のおかれた「英語環境」にもよります。

中学生のとき、英語は必修ではありませんでした。技術家庭との選択で、週に4時間か5時間という時間割で、英語は半分の2時間くらいしかできませんでした。もう半分は技術家庭に充てられ、学校周辺の田んぼや畑で農作物をつくっていました（クラスメートには農家の子弟が多く、中学を終えるとそのまま農業従事者になっていたりしたためでもあります）。

当然、英語の学力は低く、中3の2学期のはじめ、つまり受験勉強開始時の英語の学力は、中1程度のものだったでしょう。要するに、まったくの初歩から独力で（受験のための）英語学習を開始したようなものです。その方法はもちろん「1冊徹底学習」です。

単語・熟語から文法・解釈・作文まで、中学英語関係の事項すべてが載っている部厚い参考書を1冊用意し、その全ページをひたすら「暗記」しようと努めました。何回か繰り返し、受験本番までかかって、どうにか暗記できたと思います。それでも高校入試で8割は取れたはずです。それも、結局は「数学力」があったからです。数学はほとんど勉強する必要がなかったから、空いた時間の多くを英語にまわせたからです。

■独学は貴重な戦術である

大学入試も高校入試と同様、基本的には「独学」でした。

高校時代は、甲子園を目指して野球づけの生活でしたから、英語の授業など、ほとんど聞いていませんでした。地方大会で負けたあと、高3の夏休みから受験勉強を開始したのですが、そのときの英語関係の学力は中3の終わりのときよりも低かったでしょう（2年半の野球部生活で、ほとんど忘れていました）。そのため、中学のときと同様、独習するしかありませんでした。方法はもちろん、「数学脳的方法」です。

まず、（一）「学習知識の基盤を厚くする」です。具体的には、単語・熟語の量をできるだけ多くすることです。その「量」の目標を、単語については1万語としました。それだけ覚えれば、大学入試に関してわからない単語はなく、また新聞や雑誌など英語関係の文書の読解にもそれほど不自由しないと、何かの本で読んだからです。

部厚い単語集を1冊用意し、1ページ目から、1語ずつ、愚直にわら半紙に書いて覚えていきました。往復2時間かかった列車通学の車内では、ひたすら単語カードをめくっていました。ただ、私に関しては、英語学習がうまくいったというよりも、東大入試英語で一応の点数を取れた最大の理由は、（三）「試験に合格するための要領の良い対応」だったでしょう。

■文法と発音は「捨て」

私は「文法」と「発音関係事項」が苦手でした。前述したように、高校時代は授業など聞いていなかったためです。「文法」と「発音」、とくに後者は、読んで覚えるものではなく、実際に耳で聞いて覚えるものです（文法関係もかなりそうらしい）。一応、そういった関係の参考書を用意して読んだものの、さっぱり要領を得ません。「1冊徹底学習」をしたところで、それほど効果があるとも思えませんでした。

そこでどうしたか。

「文法」と「発音関係事項」は捨てました。東大入試にそれらは、とくに発音はほとんど出なかったからです（今はリスニングがあるからそれはできない）。当時の東大の問題の出題配分は、大意要約や解釈など英文読解関係が7割、英作文が2割、そのほかが1割程度でした。出題率7割の読解関係から、主として点を稼ごうとしたのです。単語量を当時の難関大学受験の際の必須的必要量5000語（現在でも7000語もあれば充分といわれています）の2倍の1万語にしようとしたのは、英文読解から得点しようとした事情によるものです。

「問題文の中にわからない単語がひとつもなかったら、文章の意味はほとんど理解できるだろう、文章の意味が完全にわかったら点数も相当に取れるだろう」という作戦でした。

その1万語には、もうひとつ別の意味もありました。豊富な単語量を「英作文」にも生かそうとしたのです。英作文も半ば捨てていました。英作文についても、一応参考書の「1冊徹底学習」をしたのですが、実際に答案を書いてみても、模範解答のとおりにはなりません。受験勉強をしていても、（数学などと違って）英作文では自分の解答が正しいかどうかの判断がつきません。その判断のためには授業を聞いたり、教師に添削などをしてもらったりする必要がありますが、予備校の授業にも出ていないから、その機会はありません。

「並べる順序はともかくとして、単語だけは正確に、しかも豊富に書けたら、英作文も半分くらいは点がもらえるのではないか」という作戦でした。

■「原典学習」が想像以上に効果を発揮

「単語量を増やす」ことに関連して、英語の注釈本を読みました。単語は独立的に単に丸暗記したのでは、こまかいニュアンスなどはなかなか理解しきれません。それは実際の文章の中で接してはじめてわかることが少なくないというわけで、その実際の文章を多く読もうとしたのです。

『荒野の呼び声』『動物農場』『長距離ランナーの孤独』などの「1冊徹底学習」をしました。つまり、全文を読みました。浪人して、予備校にも試験以外はあまり行かなかったから、時間はたっぷりあったので、7冊か8冊くらいは読めたはずです。

対訳ものではなく、注釈ものですから、はじめはおぼろげ程度にしか意味がわかりませんでしたが、慣れてくると辞書なしでも読め、しかもスピードも速くなりました。入試時には英字新聞（ジャパンタイムズ）も辞書なしで読めました。本番でも、問題文の中でわからない単語はひとつもなく、全文を早く読めて意味も完璧にわかり、前述したように7割程度の点数は獲得できたと思います。

ついでに言うと、私個人としては高校・大学の受験に関し、重要な効用は、このように試験場において、みずからの能力を最大限に発揮して合格するための方略を、みずからの能力・知力と相手側（試験問題）の状況を、冷静かつ論理的に分析し、良い意味での要領の良い対応をするための練習になることにもあるのではないかと考えております。

大学に入っても、さらに将来、社会人になってからも、そういった能力を開発するために苦闘した経験が、必ずや役に立つときが来るのですから。

以上のように、私の英語学習法はきわめて特殊、もしくは独善的なものかもしれませんが、結果としては成功したことは事実です。

自分がうまくいったから、言うわけではありませんが、そのような「単語」「読解」にひたすら集中する英語学習法は、実際にも、つまり受験以外にも、かなりの効果があるのではないでしょうか。

■数十年後にも役立った英単語のチカラ

40年近く前、私はパキスタン・アフガニスタンの山岳地帯を、たった一人で3か月間、トレッキング的旅行をしました（現在、そのあたりはイスラム武装勢力が入り込んでいるとかで、危険すぎてそんなことはとてもできないらしい）。

その両国はかつて英領だったので、どこへ行っても英語が通じますし、また英語が公用語になっています。

その3か月間、日本人には一人も会わなかったので、文書を読むのも、書くのも、話すのも、すべて英語という「英語づけ」の生活でしたが、受験生時代に修得した1万語の単語力と、文章読解力で、とくに不自由はしませんでした。現地の英字新聞はだいたい読めましたし、現地人との英語での交渉や会話にも、困ることもありませんでした（ただし、その3か月間は日本語を、まったく話さなかったので、帰国してからしばらくは、日本語が、とっさには出なかったりして戸惑うこともありましたが）。

今日、受験英語の不要論がいわれています。「ペーパーテスト向けの単語力と読解重視の学習よりも、会話主体にせよ」といった論調です。

しかし、私は、それには反対の立場です。単語力さえ充分であったら、たとえば「私はパンを食べたい」を、順序を適当に「食べたい、パン、私」と単語だけ並べても意味は通じますし、用も足せます。

それに対して、「パン」という単語を知らなかったら、まったく意思疎通ができないのですから。もちろん、その双方（単語力読解力と会話力）とも充分であったら申し分ないのでしょうが。

■高校も大学も「社会」で入れた

私は理系のくせに社会が得意でした。本文で述べた、(一)(二)の「数学脳型学習」をしたためもあったでしょう。高校入試では1冊、大学入試では2冊（世界史と地理（当時は人文地理といった））の部厚い参考書を用意し、「書き主体学習」を何回か繰り返し、まるまる1冊をほぼ完璧に覚えました。ほかの問題集や1問1答形式の要約書などはまったく使わず、文字通りの「1冊徹底学習」でした（世界史では歴史関係の地図帳を常に参照していましたが）。

数学など、いくら得意でも、公立高入試やセンター試験程度の易しい問題ならともかく、東大レベルになると「各種基本事項などの複雑な組み合わせ的操作能力」も要求されますから、安定して高得点はとれません。

しかし、社会ならそれが可能です。

実際、高校入試で社会は満点、大学入試でも2科目とも満点近かったから、社会で合格したようなものです（半世紀前の東大入試は文系・理系の区別はあまりなかった。理系も文系と同様、2次試験では社会が2科目課せられ（文系も理科が2科目課せられた）、配点も英・数・理と同じく120点満点だった）。

（三）の「要領の良い対応」もいくぶん関係しました。それは、受験科目として、世界史と地理を選択したことで、その2科目は関係性が深い教科です。

世界史の、より深い理解のためには当時の各国の地理的状況に関する知識や感覚を有することが必須です。同様に地理にしても、今日的状況だけでなく、過去の歴史的状況に関する知識も有することが、より深い理解のためには欠かせません。つまり、世界史と地理の2科目は、おそらく全項目の2割程度は、相互に関連していますから、そのぶん、学習の負担が少なくなります。また、関連する2科目を異なった視点から学習するのですから、より深い理解が得られ、高得点にもつながります。

さらに、もうひとつの（三）「学習の際、要領の良い対応」もありました。社会の学習における「要点をまとめて書く」ことを、国語の現代文学習の代わりにしたことです。

現代文の学習は、とくにしませんでした（学習の仕方がわからなかった。いまでもわからない）から、そのように社会の「参考書の解説文を読んで、要点を自分なりにまとめて書く学習」が、かなりの程度で、現代文の読解力と記述力の養成に役立ったのではないかと考えています。

■知らず知らずのうちに受けていた親の影響

社会科（世界史と地理）好きには、小学生時代からの基盤がありました。私の父が船乗りだったことです。

北海道の海の幸を本州方面の大消費地まで運ぶ、昔なら北前船と呼ばれていた運搬船の船長をしていました。若い頃は外国航路船に乗り組んでいたこともあったようです。その関係で、日本や世界各地の地理・風俗などに関する話題を、よく聞かされていました。聞かされていたどころか、私自身、小学校の低学年の頃は、夏の3か月か、4か月のあいだ、学校を休んで父の船に乗っておりました（船員たちのマスコット代わりでもあったのでしょう。それにしても昔の学校は大らかなものでした）。

そういった経験もあり、私は北海道から東北までの主要な港はほとんど知っています。つまり、地理的感覚は小学生時代から身についていたわけです。

小学校の高学年になり、船に乗らなくなっても、その延長で日本や世界各地の地理や地勢的状況には関心があり、毎年部厚い「社会科年鑑」を買ってもらい、その1冊を1年かけて、ヒマさえあれば開き（ほかに読む本などなかったためでもあります）、ほとんどを覚えたりしていたものです。

社会科関係の知識は小学生も大学受験生も、もちろん大人社会でも共通です。酒田港が小学校の教科書では山形県にあったが、高校の教科書では秋田県になっているというようなことはありません。

しかし、「国語」という教科は違います。たとえば、「何か、ケタはずれに素晴らしいこと」を、小学生では「すごい」と言えても、高校生でそんな表現をしたら減点されます。つまり国語では、小学生のときに読んだ本で得た知識など、少なくとも大学受験には役立たず、却ってマイナスになったりします。

社会や算数で、そんなことは、けっしてありません。そのまま使えるだけでなく、役にも立つのです。本書の主題である、医大・東大など難関大学に入るためには「本好きの子にしてはいけない」、もしくは「子どものころ、とくに物語系の本など読ませすぎてはいけない」という論拠は、ここにあるということです。

■あるときは、にわか古文教師に

大学受験生時代、私は、ずいぶんと古文対訳ものの「1

冊徹底学習」をしました。『源氏物語』だけは難解にすぎ、また理系生にはそれほど必要ないだろうと、途中で放り出したのですが、そのほかの時代を代表する古典を10冊近くは読んだはずです。

私自身、古文を読むのがきらいではなかったことと、ふだん数学・理科・英語といった、味もそっけもない学科に苦しめられていることの「反動、もしくは息抜き」だったのかもしれません。ともかく、受験ということをあまり意識しないで古典書を読むのは、むしろ楽しかったものです。東大二次でも、古文はかなり良い点数が取れたと思います。そして、その経験が後に役に立ったことまであります。

もう30年近い昔のことになります。そのころ、私はある学習塾の一教室の主任のような立場にありました。中学・高校受験が主体の学習塾でしたから、高校のクラスはありません。

ところが、ある日のこと、高校受験を終えた女子中学生数人が連れ立ってきました。彼女たちの話は、「高校へ入ると本格的な古文がある。大学受験には最難関科目らしい。高校古文のクラスを新しくつくってくれないか」という要望でした。

しかし、そのための教師を特別に雇うのも面倒です。生徒のほとんどには、それまで数学を教えていましたから、気心は知っています。そこで図々しくも、私が担当することにしました。

といっても、高校古文の教科書を、文法主体に講義する自信はなく、そのような知識もありません。それでも、『奥の細道』だったら、古文の入門書として適切だろうし、受験生時代に全文読んだこともある。東北（秋田）出身の私には、芭蕉が辿った地についても、土地鑑があるというわけで、『奥の細道』の「1冊徹底学習」をすることにしました。

■板書なし、文法解説なしの「古文」授業

週に1回、1時間半の授業を、こんなふうにすすめていきました。

まず「月日は百代の過客にして、行き交う年もまた旅人なり……」と、冒頭からひとつの区切りまでの文章を私が読む。それを生徒の一人に復唱させる。そのあとで、その一区切りに出てくる重要語句や、当時の人々のものの考え方、俳諧論、芭蕉の人生観、辿ったコースの地勢的状況等々を解説するというものです。

もちろん、それらを「そら」で言えるほどの教養はありません。事前に解説書で充分な下調べをしたことの「受け売り」です。黒板は使わず（難しい漢字も旧かな文字も書けないから）、ただ、一方的にしゃべるだけです。文法にも、あまり詳しくはふれません。教える側に、深い知識などないからです。

一学期間、そのような学習を続け、結局、最後の「はまぐりのふた身に別れ行く秋ぞ」まで行ってしまったのですから、我ながら図々しいといおうか、厚かましいといおうか、ともかく汗顔の至りでした。

当初は『奥の細道』で終わりにするつもりでしたが、そうはなりませんでした。もっと続けてほしいとの要望があったためです。

そこでますます図に乗り、『徒然草』『方丈記』、それに7人か8人の受講生全員が女子ということで『枕草子』をとりあげたりしながら、1年も続けてしまったのです。もののはずみというものは恐ろしい（それ以上はさすがに続けられませんでした。毎回の下調べが大変だったので私のほうから断ったのか、生徒のほうが「にわか古文教師」の実力を知って見限ったのかは忘れました）。

この話には後日談があります。

数年後、渋谷を歩いていて、当時の生徒の一人とバッタリ出会いました。とりわけ優秀な子でした。私の古文教師としての力量など、とうに見破っていたはずです。そのことを思い出してバツが悪く、挨拶も早々に退散しようとしましたが、そうはなりませんでした。彼女は、こんなことを言ってくれたのです。

「先生の古文の授業、楽しかったです。おかげさまで古文がすっかり好きになり、○○大学の文学部に入れました」と、ある名門女子大の名をあげてくれました。お世辞半分とはわかっていましたが、間違いなく、嬉しい気持ちになったものです。

さらに、もうひとつの後日談もあります。

予備校教師時代の同僚（現役の高校国語教師）に、この話をしたところ、こう言ってくれました。

「それでいいんですよ。こまかい文法なんかを云々するより、古典を一冊、全文を通して読む。それで生徒が古文を好きになってくれる。それが最良の学習法です。私も本当はそんな授業をしたいのですが、（現役の高校教師としては）いろいろと制約があって、できないのです」

■東大文Ⅲに在学していた伝説の数学才媛

最後にひとつ、学生時代の余談です。

東大文Ⅲに一人の「数学才媛」がおりました。なんでも入試では数学は満点をとったという噂でした。

文Ⅲは文学部進学課程ですから、東大の中で最も「文弱」な学生が集まります。語学・文学・哲学・歴史学といった文系的事象には強いものの、数学得意などまずおりません。

ところが、教養課程（1年、2年）のうちは「数学」を履修しなければなりません。必修科目ですから、単位を落としたら進級にさしつかえます。

そこで数学非得意者（本文で述べたように、「不得意」では文Ⅲにもまず入れませんから、このようにしておきます）はどうしたか。

文Ⅲの彼女のクラスの男子学生たちは、試験の際、出題が予想される問題のヤマを彼女にかけてもらい、さらに解法も教えてもらっていたらしいのです。しかもそのヤマのほとんどが当たり（大学レベルの数学は難易度が高くても、学習する事項は決まっておりますので、数学得意であれば試験に出る問題のヤマはかなり正確にできるものです）、彼らの多くは無事に数学の単位をとれたらしいのです。

じつをいうと私は、その「数学才媛」女史と、デートをしたことがあるのです。彼女のクラスに友人がいて、その紹介で学園祭のときに会ったことがきっかけでした。

私が理Iと知って、いきなり数学の話を持ち出され、どぎまぎしたことを覚えております。小柄で度の強いメガネをかけ、「いかにも東大」といった感じの女子学生でした。

それにしても彼女はそれだけ数学ができるのに、なぜ文IIIに入ったのか。

半世紀以上も昔は（いくら理数系科目ができても）、女子が理系に進む時代ではありませんでした。理Iの学生は約一千名という人数でしたが、そのなかに、女子は十数人しかいなかったでしょう（今はその10倍はいるらしい）。1年の時のクラス50名の中に、女子は一人もおりませんでした。もちろん、「リケジョ」などという言葉もありません。

彼女は結局、仏文に進んだと聞きましたが、もし現代に生まれていたら、菊川怜（東大理Iから工学部建築学科卒）さんのように、理Iか理IIに入り、得意の数学的能力を生かし、数理科学あたりの分野で活躍できていたのかもしれません。ただし、菊川さんのような容姿ではなかった（失礼）ので、（菊川さんのように）学内で美貌が噂され、それがマスコミにも知れ渡り、テレビタレントへの道へ進むことはできなかったものと思われますが……。

いずれにしても、これからは男子も女子も、才能があれば理系に進むべきであり、さらにまた、女子にも理系の門戸が大きく開かれている時代になっているということです。

あとがき――陰山メソッドの先駆者

私は小学校低学年時、とりわけやんちゃな子どもだったようです。私にかぎらず、当時の、とくに男の子は、みなそうでした。郷里は日本海に面した秋田の寒村です。六十数年前の田舎には幼稚園も保育園もありませんでした。

それまで野山や浜辺で自由気ままに遊びまわっていた野生児が、生まれてはじめて狭い教室に押し込められ、窮屈《きゅうくつ》なイスに座らせられ、退屈な授業を受けさせられるのです。おとなしく先生の話を聞いてなどいられるわけはありません。授業中でも教師の眼を盗んでよそ見をしたり、となりの席の子にちょっかいを出したりします。

休み時間には教室内を走りまわったり、取っ組み合ったりもします。けんかではありません。犬や猫の子がじゃれ合ったりするように、じっとしてなどいられず、身体が勝手に動くだけのことです。

教師ももちろん、そのような事情は知っていますから、あまり強くも叱責はできません。

午前中はなんとか静かにしていても、昼のお弁当を食べたあとは、もう騒がしさは収拾がつかなくなったりします。体格が大きく活発な私は、そのようなちびっ子ギャングたちのなかでもリーダー格だったようです。

そのやんちゃ坊主たちを静かにさせる方法を、教師は思いつきました。午後の時間は「算数」にすることです（当時は戦後の混乱期、そのような操作は現場教師の自由裁量でできたものらしい）。算数といっても小学校1年生、2年生のうちは、二けたか三けたまでの足し算・引き算くらいしかありません。その計算問題を20題か30題、黒板に書き、できた者から先に帰ってよいとするのです。

物騒な世相になり、集団での登下校ばやりの今日では想像もできませんが、昭和20年代初めのその頃は、往来を子どもが一人歩きしても何の危険も心配もありませんでした。

「できた」者からノートを持って教師に見せにいきます。全問合っていたらそのまま下校できるのですが、1問でも間違っていれば自席に戻り、計算し直して、また見せに行かなければなりません。しかし、その頃には、ほかのクラスメートも「できた」と並んでいますから、帰るのが遅くなります。

早く学校から解放されたい一心で、いつのまにか私は、ほとんど常に一番にできるようになっていました。しかも1問もミスしないようにもなれていました。

今でも覚えております。そのように真っ先にでき、校門から勢いよく飛び出したものの、通学路には「たつまき（竜巻）」という難所がありました。曲がりくねった急な坂道で、上から見下ろすと、子どもの眼には谷底にでも吸いこまれそうな感じを受けます。

その急崖を前にして、（怖くて）一人では降りられず、立ち止まっていると、決まって2番目にできてくるのがK子さんでした。二人で手をつなぎ、「お手々つないで、野道をゆけば」などと歌ったりしながら降りてきたことを、今でも記憶しております（何十年後かの還暦祝いの席で再会した際、この話をしたのですが、彼女はまったく覚えていてくれませんでしたが）。

そのような「競争的計算練習」は結局、担任の女性教師（佐々木チヨヱ先生——故人）が在任中の小学校1年から3年までの3年間続きました。2年、3年あたりには、いくらなんでもできた者から先に帰ってよいとはあまりされなかったと思いますが、ともかく小学校低学年のうちは、算数の時間のほとんどは〝計算練習〟に費やされておりました。

それとともに、私の計算能力も、常に一番目にできるというプライドを満たしたいとの思いもあり、真剣に取り組んだためもあったのでしょう。いつのまにか〝抜群〟といえるほどになり、以後、小学校高学年、中学校、さらに高校と進んでも、算数・数学にそれほど苦労することなどなくなっていました（大学レベルではさすがにそうはいきませんでしたが）。

その数学での余裕が、ほかの科目にも波及し、高校入試・大学入試にも成功的に対処できたことは本文で述べたとおりです。

そういった、小学校低学年時の算数における「計算主体学習」は、佐々木先生には失礼ながら、それほど確固とした方法論のもとになされたのではなかったのかもしれません。おそらくそれは、江戸時代の「読み・書き・そろばん（計算）」以来からの、わが国の初等教育界における伝統にもよるものと思われます。

ただ、そのような学習法は、百ます計算で知られる「陰山メソッド」にもみられるように、単なる算数における計算だけでなく、数学の、よりハイレベルな学習にも効果があることは確かであり、また現場の教師たちのあいだからも、折にふれて同様な主張がなされていることも事実です（陰山英男氏の30年ほど前にも、同じく元小学校教師の岸本裕史氏が『見える学力、見えない学力』（大月書店）のなかで、初等教育の段階での、とくに計算練習の重要性を指摘され、「陰山メソッド」と同様、氏の方法論が小学生の児童の保護者たちのあいだで、ある種のブームを巻き起こしたことがあります）。

チヨヱ先生には今でも感謝していることがあります。とりわけ、やんちゃ坊主の私を、叱りはしたが、怒りはされなかったことです。それどころか、愛情をもって接してくださいました。

後年、先生は家人にこう語っておられたそうです。

「どんなに騒いでいても、いたずらをしていても、『よしき』と一声かけるとピタっと止めて、直立不動の姿勢になる。それがまた、『めんけ（可愛い）くて、めんけくて』……」

本書を佐々木チヨヱ先生の霊に捧げます。

253ページよりお読みください。

■その3

応用問題には（例題と）解法は同じでも題材が異なるもの、たとえば「X＋Y＋Z＝10を満たす0以上の整数X、Y、Zの組は何通りあるか」のようなタイプもあります。これも、「同じ10冊の本を3人に配る方法は何通りあるか、ただし1冊ももらえない人がいてもよいとする」に変換できますから、やはり例題の理解が万全であれば、試験場ではなんとか対応が可能です。

■その4

例題を基準として、それとは題材も設定条件も、さらに処理方法も異なるものは「発展問題」と言い、例題だけしか学習していなかったら、試験場ではそれはほとんど解けないものです。しかし、心配はいりません。センター試験や一般の大学入試では、その種ハイレベル問題が単独で出題されることはまずなく、だいたいは3段階くらいに分け、そのうちの2段階目あたりまでは、教科書や傍用問題集に載っている問題の類題か応用問題レベルで、それさえ解ければ合格に必要な点数は確保できるように配慮されているからです。

問題２については４通りの対応法があります。

■その１

実際に考えてみればわかると思いますが、（１）と（２）は体系的に、まったく別種の方法です。（１）しか学習していなかった生徒が、試験場で、いわば“発想の転換”をして（２）の方法を自分で独創するのは、ほとんど不可能といってよいものです。事実、私も、試験場どころか一人で学習していても、（２）を理解するのにかなりの時間がかかったことを覚えております。

「発想の転換」などと口で言うのは簡単ですが、実際はそうはいかないのです。

■その２

例題と題材や表現方法はほとんど同じで、数値だけ異なる問題、たとえば「まったく同じ本８冊を４人に配る方法は何通りあるか。ただし、一冊ももらえない人がいてもよいとする」というようなタイプを、一般に「類題」と言います。

それは例題の解法が完全に理解できていたら、試験場ではほとんど瞬間的に解けるものです。

また、題材は同じでも設定条件を少々ひねった、たとえば例題の後半部分を「ただし、各人最低一冊はもらえるものとする」というようなタイプを「応用問題」と言います。これは類題よりは難易度がいくらか高くなりますが、やはり例題の解法が万全であったら、試験場では「３人にまず１冊ずつ与えておき、残り３冊を３人に分けるようにすれば例題の方法が使える」と気づけますから、類題より時間はいくらかかかっても、なんとか解けるものです。

（２） 本をａとしそれを６個並べ、その間（外でもよい）に２本の棒を入れることを考えます。

①（ａａａ｜ａ｜ａａ）

②（ａａａａ｜｜ａａ）

③（｜ａａａａａａ｜）……

といったようなぐあいです。

そして、それらの並べ方のうち、左側の棒の左方にあるａをＡに、２本の棒のあいだにあるａをＢに、右側の棒の右方にあるａをＣに分け与えると考えます。

つまり、

①は（Ａ、Ｂ、Ｃ）＝（３冊、１冊、２冊）、

②は（４冊、０冊、２冊）、

③は（０冊、６冊、０冊）

というようになります。

つまり、この問題は、「６個のａと２本の棒を１列に並べる方法は何通りあるか」に変換できるのです。それは次のように処理します。

まず、６個のａと２本の棒をすべて異なるものと考えます。それらを１列に並べる方法は、８個の異なるものを１列に並べる順列ですから、全部で８の階乗（８×７×……×２×１）通りあります。ただし、実際はそのなかに同じもの（ａ）が６個と２個（棒）ありますから、８の階乗の答えをまず６の階乗（６×５×……×２×１）で割り、さらにまたその答えを２の階乗（２×１）で割り、というふうに計算し、式は８の階乗÷（６の階乗×２の階乗）となり、答えは ２８通り となります。

問題１の解答

（１）６で割ると２余る数は、６の倍数＋２、８で割ると２余る数も、８の倍数＋２。したがって題意を満たす数は、６と８の最小公倍数２４の倍数＋２ですから、答え ２６

（２）余りがそれぞれ違いますから、（１）の方法は使えません。ただし、見方を変えると、４で割ると２余る数とは、４の倍数－２、５で割ると３余る数も、５の倍数－２、６で割ると４余る数も、６の倍数－２。したがって題意を満たす数は、４、５、６の最小公倍数６０の倍数－２ですから、答え ３５８

問題２の解答

これはたいていの高校数学Ａの教科書に載っている問題です。解く方法は大きく分けて次の２通りあります（ほかにもあります）。

（１）人をＡ、Ｂ、Ｃとし、それぞれに本を分け与える場合の数を、順に書いていきます。
たとえば、（Ａ、Ｂ、Ｃ）＝①（０冊、０冊、６冊）、②（０冊、１冊、５冊）、③（０冊、２冊、４冊）……ということです。

さらに、①の場合は３通り、②③はともに６通りずつ、というように、すべての場合の数を数え、それを合計します。

ただし、その方法では、数が大きくなって、たとえば10冊を４人に分けるというようになると手間がかかりすぎ、試験場では使えなかったりします。

そこで高校数学Ａ的には、（２）のように処理します。

試験場で柔軟な思考は難しい

問題１

（１）６で割っても８で割っても２余る、２けたの最も小さい整数を求めよ。（小５の教科書から）

（２）４で割ると２余り、５で割ると３余り、６で割ると４余る整数のうち、３００以上の最も小さい数を求めよ。（慶応高校一部改題）

試験場で発想の転換はほとんど不可能

問題２

全く同じ本６冊を３人に分け与える方法は何通りあるか。ただし、一冊ももらえない人がいてもよいとする。

巻末資料

数学はなぜ暗記科目なのか

ここでは、数学が暗記科目であることを実際に問題を解きながらご説明します。

問題1の（1）は小学生レベルの易問です。たいていの小5の教科書に同じような問題が載っております。一方、（2）は高校入試レベルのかなりの難問です。仮に、（1）しか学習していない生徒が、試験場でいきなり（2）を示されたらどうなるでしょう。

結論をいうと、ほとんどは解けません。私は20年以上、塾の教師をしましたが、（1）しか学習していないのに試験場で（2）が解けた生徒を一人も知りません（私が勤めていた塾はそれほどの難関校ではありませんでしたが）。

しかし、家庭などで一人で学習しているときなら、話は別です。考慮する時間がたっぷりあったら、たとえば5で割ると3余る数を8、13、18などと書いていき、それらは5の倍数－2でもあると気がつけるのかもしれません。

ただし、1問につき、考える時間が1分か2分しかない試験場ではそうはいきません。試験場では「柔軟な思考、つまり問題を別の角度から考え直したりして、初めて目にするタイプの応用的課題を解く」ことなど、ほとんど至難の業といってよいほど難しいものです。

だからこそ、算数・数学の勉強というのは、「いろいろなタイプの問題をやってみて、その解法を覚える」しかないのです。それが、「数学は暗記科目である」と私が考える論拠でもあります。

■渡部　由輝（わたなべ　よしき）
数学教育コンサルタント。多くの教え子たちを、東大をはじめとする一流大学、さらには難関の医学部に合格させてきた伝説の受験指導者。

1941 年、秋田県生まれ、東京大学工学部卒。大学卒業後、学習塾・予備校で数学を教えるかたわら、数学関係の参考書、問題集、啓蒙書の著述に従事。なかでも『数学は暗記科目である』（原書房）は、数学の問題はいかにして解かれるかを明らかにした名著として数学関係者のあいだで評価が高い。

著書に、『数学はやさしい』『偏差値別数学』『発想力できまる数学』（いずれも原書房）、『崩壊する日本の数学』『コンピュータ時代の入試数学』（いずれも桐書房）など多数。

学生時代から登山と歴史（戦史）研究を趣味とし、執筆にも勤しんでいる。最新刊は、『知床縦断に賭けた青春』（星雲社）、『宰相桂太郎』（潮書房光人社ＮＦ文庫）。

家庭教師不要！　予備校不要！　公立進学校で十分！
お金をかけずに
東大・医大に合格する逆転の勉強法

2015 年 7 月 10 日　　初版発行

■著　者　渡部由輝
■発行者　川口　渉
■発行所　株式会社アーク出版
〒 162-0843　東京都新宿区市谷田町 2—23　第 2 三幸ビル
TEL.03-5261-4081　FAX.03-5206-1273
ホームページ http://www.ark-gr.co.jp/shuppan/
■印刷・製本所　三美印刷株式会社

ISBN978-4-86059-155-7